趙雅博著

哲學概論

臺灣中華書局印行

序

頻年以來，趙神父雅博先生，在臺灣省立師範大學授根本原理之學—哲學，每于授課前後，必來舍閑談無間，所談類皆爲眞理之討論，雖牽涉範圍甚廣，惟一以哲理爲依歸。先生立論高遠，深中肯要，竊服其爲學之精與博，實爲儕輩中所罕見，誠有相交慽晚之感也。不佞生平素亦愛好哲學，得間常登堂請益，得知其學問之廣博精深，由來有自。先生精通拉丁、英、法、德、意、西等國語文，其參考文獻之豐富，殊令人嘆爲觀止。先生爲雷鳴遠神父創立之耀漢兄弟會會士，無世俗之累，專門研究哲學者有年，寢饋于斯者又有年，宜乎其造詣之深，超越常人也。一般公教神職人員，在此優越之條件下，專門學者輩出，信然。

先生在師範大學之講稿，不佞得先拜讀爲快，不僅以生花之筆致，寫深奧之義理，蘊藏無量，脈絡分明，其所立論，適爲不佞多年來朝夕旁皇，寤寐鑽研而有所未逮者，乃急勸　先生付梓，以爲文化上之燈塔，使混亂的思想界，得知所適從必大有功于文教也。

先生講稿，優點甚多，對于每一哲學上之論點，必予以明晰確切之闡述，毫不含糊隱飾，閃爍其辭，此其優點一。歷來哲學概論，有偏于歷史的敘述，著者力避自己的主觀，而從客觀的觀點以組織之客觀的哲學概論；有從著者自己之主觀以組織之主觀的哲學概論；有從批判的見地以組織之批判的哲學概論；有以摘要的方法以組織之哲學概論；此等哲學概論，各有長短，而先生講稿，乃本其精思採合各種方法以組織之者，從容中道，使讀者能融會貫通，不落前人窠臼，此其優點二。當人以爲公教學人之著述，定偏于宗教，其實先生對于神學與哲學之關係，較若干西方學人所論者，更爲合理。關于神學與哲學在方法上之互相輔助，殊途同歸，以及神學與哲學在本質上各有其自己的園地，兩不相妨之理，均有妥當的闡述，此其優點三。先生治學之態度，不跼促於一隅，而以偏概全，極目騁懷，以尋求眞理，其參考文獻，從最古以至最新之作，搜羅至廣，使無遺珠，不僅由此可見先生胸懷之巨，用功之勤，實爲從事研究哲學者開究方便之門，較之從一本二十年，三十年，乃至四十年前之舊作以搜求眞理者，誠不可同日語也，此其優點四。不佞深信此書問世，不僅能啓發初學者蓬勃的哲學慾，以追求人生及宇宙之眞理，即對于哲學有修養者，亦定能提供若干新的啓示，特爲表而出之，非敢以爲是書序也。

四十八年春三月鄒謙謹識於臺灣省立師範大學第六宿舍之北軒

哲學概論

趙雅博

目次

第三編　哲學生活

哲學概論

導言

一：現在世界各地大學，幾乎都有哲學系，卽使沒有哲學系，文、敎、法、社會科學等系也都有哲學課程。哲學著作，月月都有出版，哲學雜誌更是罄竹難書，哲學國際會議，也年年加多；這樣說來，哲學一科並不是一門空虛無實的東西，在世界學術中，它是有其實在地盤的。

哲學並不是一種新發明的學術，它是一個古老的歷史事實，現代的哲學家，大多都自己感覺他們現在研究哲學，乃是繼續前人的工作，而並不是由自己開始——除去很少數的人，他們也多不敢否認前人所治的哲學眞是哲學——；如果我們就世界思想史去看，哲學的眞正開始，到現在最少有二十五六個世紀了。

當然，人類哲學的生活，並不常常是直線上升，也不常常是前進無已的；它和人類其他智力活動一樣，有高潮也有低潮；有些世紀，哲學非常興旺；有些世紀則思想非常貧乏；有的世紀，只是哲學中的一兩科目，進步很多；十九世紀哲學在歐洲，可以說是稱霸天下，並且擴展到美洲以及東方各個地帶；在目前，我們如果說哲學是當代文化主要因素之一，該是沒有人反對的。

然而讀者要問說：哲學是什麼？它的基本點何在？它和其他學科有什麼分別？這些問題在這哲學概論中，我們將逐一的予以答覆與討論。

二：所謂概論，英文稱之爲：（Introduction）是引進的意思，用我們的一句古語說，便是登堂。哲學概論當卽是引人進入哲學門徑的一種東西，而其目的則是在給初學者以哲學初步的知識，並使他以後能進而窺其堂奧；但是我們曉得哲學一科，可以從歷史觀點去思考，也可以從學理一面去窺探，更可以從各科的組織一面去研究，因而哲學概論的寫法，也就人人不同了。約而言之，可分三派：（一）歷史派，他們將哲學看成是一種歷史事實，從哲學歷史中來看哲學的本質與範圍，說明哲學究竟是什麼；他們的辦法是敍述各種哲學體系，學說以及各種解決，從其不同者之中，尋求其相同點，從此可以結論出來什麼是哲學。（二）撮要派，這一派也可稱之爲哲學的百科全書派，他們在哲學概論中，很撮要的敍述各種主要的問題，其學派與其解決，很多次也與歷史派不分；（三）系統派，也稱之爲初步派，他們在哲學概論裡，介紹的是哲學的定義、分類、利益等，使學子們由淺及深，以便能順利地研究全部哲學；這種辦法最適宜於哲學系的同學，我們在這裡多多少少要採用三家之說，而以最後一派爲主體。

三：哲學的字義：一種事物或一種科學都有字義與本義兩種定義，字義又分爲字源義與習用義；字源義就是根據字的原義來說，而習用義則是普通我們如何理解這一名辭；定義專家多瑪斯寫說：「一個事物其字源是一事，其指意又是一事，字源是着意在名辭如何形成，指意則是看這一名辭究何所指」。他給了我們一個例字說：石頭在拉丁語是 Lapis ，它的字源義是傷足 Laesione pedis ，但是其習用義則不指此，因爲鐵塊也一樣傷足呢。在別的地方，他又告訴我們任何名辭都可說有這兩種意義，他舉「看」「見」字作例，看字在字源上只指眼見，而習用義又指感覺或理智的知識。比如「看火如何燃燒。」「何所見而云然」等等都是。在哲學一字上，也有這兩種意義。哲學一字，無論是拉丁（Philosophia）法文，英文，德文，西，義諸文，都是來自希腊文的 Philosophia ，這一名詞並不見於荷馬與哀羅希德的著作中；這個字是由兩個字湊合而成的：卽 Phileo 或 Philio 與 Sophos 或 Sophia。按 Sophia 一字見於荷馬與哀羅希德的著作中，其指義爲智慧與靈巧；而 Sophos 則指的是有經驗的人或者技術家：就是說知道什麼該作，也知道如何作的人；在哀羅希德書中還有哲學一字的動字 Philosophein，指的是一種精神的訓練，爲獲得新知識的一種努力的練習；傳說李弟亞國王克里穌斯（Croesus）對梭倫說：「我聽說您走了許多地方，以 Philosopher 的姿態考察了它們」（歷史、一、三〇）。其他作者，也有不少人使用了這一意義。Phileo 或Philia 這句希臘話，其主要意義是愛，兄弟的愛；再一個意義則是企圖，研究。哲學一辭的西洋字，就是這樣的由來。

根據羅馬政治家兼哲學家西賽羅的說法：畢達哥拉是第一位給哲學一字以正確意義者，他說：「一切努力於研究默觀萬物者，要稱他們是哲人，並且他們也眞是哲人（Sophoi）；哲學家這一名詞，是自畢達哥拉而來。」

「一位更愛藝術的萊勇德王子（Leonte），曾與畢氏廣徵博辯，畢氏答覆他的詢問說：「對藝術我是一竅不通，但我是哲人（Philosophon）或者說我是愛慕並研究智慧的人」（Tusculanae disputationes卷五第三章）。此後另有普魯達各（Plutarcus）、雷其武（Diogenes Laertius 爲一哲學史家）、克肋門・亞立山（Clementius de Alexandria）以及許多哲學家與歷史家都這樣主張，我們這裡且引雷其武的說話：「畢達哥拉說，沒有人是智者，只有天主（神）自己是：人僅該說是愛慕與研究智慧而已」（哲學家行傳，十二節第三頁）。

根據近代學者們的考證，認爲這種說法是不可靠的。哲學一字，人們多認爲是柏拉圖的一位門徒：赫拉克利（Heraclide du Pont）所創始的。他曾說過：「哲學人」三個字（哲學輯逸書、三十五），哲學一辭的由來，大蓋是這樣的：因爲在詭辯家與蘇克拉底的時代，（Philosophia）這一字只是用來爲指一切學理知識有系統習練而已，從赫拉克利之後，這一名辭的現用意義才算確定了。

就以上所說，我們可以看出哲學的字源義，乃是指示一種心靈有力的勉力，來企圖求得智慧。

哲學一字的習用義是不是與字源義相同呢？這裡我們也要約略的談論一下：智慧一字在西方古代，一方面有精於機械或自由藝術的意義，另一方面又指在處理公共事件上的靈巧，最後又指對於思辨事項的卓越認識；在用到愛智（哲學）一義上，則是指的最後的一種；不過在最後一種意義下，其指義也是很多的：有的人認爲智慧就是自然科學，特別指物理學（伊和寧學派）；有的人則用它來指實踐與道德的事項，特別指道德學（蘇克拉底與斯多噶派）；有的人用它爲指形上學（柏拉圖，亞利斯多德，厄來亞派）；後來大家認爲哲學一字的指義，乃是人類所知與能知的一切事實的知識，直到培根和笛卡兒的時代，這最後的習用義是沒有改變的；從笛卡兒以後，哲學又專指形上學了，偶而也旁及其他科學；等到十九世紀，經驗科學長大起來，得到了獨立地位，又有人創出了經驗形上學，想要把哲學從形上學的意義中趕出去，並否認有形上學的可能性，否認哲學的存在；不過雖然如此，哲學到現在還依然地存在着，它的習用義，現在大家幾乎都承認是人類一切可認識的事實的一種卓越知識，智慧一辭的廣汎意義也正是這樣的。

第一編　哲學本質的研究

第一章　常識與科學知識

我們都知道哲學是一種知識，同時我們也曉得不是一切知識都是哲學，現在我們先從與哲學有分別的其他知識說起，然後由分別到相同，我們便可以看出哲學的本質究竟是什麼。

生命與知識　宇宙間的東西，我們可以分成兩大種類：有生者與無生者。有生者是一個「事物」或「有」，它有自動的能力，並能依照自己的天性處理自己，由自身來完成個人的作用。一個無生的東西，像礦物之類的事物，它的作用是發生在與他不同的主體上，使那主體產生出完美來，而並不像有生物，是在自己身上產生完美，成就自己：一塊燒熱的東西，將它的熱傳佈到另些事物上去；氫二氧一合而爲水，但是有生的動植物，吸收養分則是爲了營養自己。

有生物也分別爲二：一種是有知者，一種是無知者；其間的分別是：無知者只有自己的固有形式，而有知者則可以分受另外一個事物的形式。從這裡我們可以結論說：無知者的本性是較爲狹窄，有知者的本性是比較寬大的，每種事物都有它的形式，這形式指定每個事物是什麼，並將它安置在限定的種類中，比如，石塊，蒼松，白馬與人，他們都有個人的等級，個人的本質與形式。

不過在這許多事事物物之中，我們常常理會有些東西，可以說是關在自身之內，它們如果想接受另一種東西的完美，必定要失掉了自己的完美或形式；在礦物中，我們可以找到無限的實例，比如氯氣，如果要與鈉合而爲一，它一定要喪失了自己氯的形式或完美，而與鈉構成一個新的事物，我們稱它是氯化鈉或名食鹽。

然而在有生之物中，情形就不相同了，它可以吸收其他事物的完美或形式，使自己發揚光大，而仍保留自己的完美或形式，也就是說它並不失掉它的本性；這種吸收或佔有其他事物形式的狀態，又可分爲兩種：一種是把它所吸收的形式，成爲自己的形式，如同是自己的完美一樣；在營養的現象裡，我們可以解釋這種說法，被吸收了的食物，它一定要失去自己的形式，而變成它的吸收者的一分子，而成爲它的吸收著，成爲某個有生物的形式。另一種則是有生物接受了一種事物的形式，並將它佔有，但仍舊讓它保留着是自己的形式或完美，這種方式只有有知者才能作到，也就是說這乃是有知者的特徵。

以上的說法，或者比較艱深，我們現在再用別種說法，來解釋一下：關於佔據或吸收一種完美或形式的道理。我們上面所說的兩種佔有方式，第一種也可以稱之爲物理的佔有，另一種較爲高等的，我們則可以稱它是心理的佔有。物理佔有的方式是說：一切的事物，不管它們是有知者或無知者，它們都可以這樣的佔有或吸收另一個事物，來構成它們自己的完美；這完美能夠是本質的或偶有的。一棵樹木，它乃是物理的佔有它的根、幹、枝葉、花、菓等；一個人也是物理的佔有他的肉體，精神以及他的一切能力。心理佔有的方式則只爲有知者所獨有，一個人不但只是像植物或礦物一樣地有一個形體，並且他還感覺，看見，接觸，知道他有一個身體。他這樣佔有自己的肉體，我們說它不但是物理的，而且還是心理的。由於意識的證明，我們還知道我們的身體能夠擴展到自己本身以外，佔有和生活於另一事物的本性中。比如我們接近了一個溫泉，我們首先便要接受熱的作用，我們的肉體，將與其他在同樣條件之下的物體，一樣地熱起來，這是物理的接受；然而同時我們也感覺這種熱度，佔有這種熱度，如同是一個另外事物的形式，也就是說我們知道這事物是不同於我們的，以它爲另外一個事物的形式，這乃是心理的接受，自覺的接受；這種方式在草木礦石上是沒有的，也就是說：草木礦石是沒有自覺的。

知識的由來與範圍　知識的分類有許多不同的方式。墨子經上說有：聞、說、親；普通哲學中，則告訴我們說：有感覺的知識，有理智的知識；如果站在現代學術的觀點來說，我們又可以說有常識之知，有科學之知，有哲學與神學之知。在本書內，我們要採用後者的分法，由淺入深，來說明哲學的究竟，來探討哲學的本質。

我們的知識從何而來？這裡我們不是專門討論心理學，爲此論到知識的由來問題，我們也不願從專門心理學入手。人類的天性是好奇的，無論誰都有願意更多知道的心情，同時也都感到知識爲自己是需要的。多瑪斯曾說：「人類的肉體，很自然地希冀感覺的快樂；同樣，人類精神的天性，也很自然地願意知道並認識一些東西，爲此亞利斯多德在形上學的開端就說：「一切人的天性，都傾向求知」。另一位西洋哲人也說：「眼目自然希望光明與色彩，人身自然貪求飲食與美色，我們的理性也自然希望認識眞理與事物的原因」。實在，人生而有求知之慾，一切知識的由來，大多不外乎由於這一求知慾望的驅策。而哲學的產生，當然也是由於求知慾的緣故。此外，知識還給我們帶來滿足和自然的快慰，一種新知或新發現，帶給我們的快樂，眞可以說是無法形容的，相信每個人都不少次有過這種經驗，這裡我們不必贅言了。

我們認識些什麼東西呢？依照人類知識的普通順序，他首先認識的是在他身心以外的宇宙，這個宇宙是物質的；他也知道自己生存在這宇宙之中；並且他還認識與自己相似的人，他和這些相似自己的人群共同組成了社會生活。他目前看見的是生活着的人，對于過去的人，他可以用記憶來認識他們，對未來的人，他可以用理智來推知。此外，他還有自我意識，就是對自己個人有自覺，對自己的觀念，傾向與情感，一樣也有自覺。

宇宙，人們又稱它爲自然界，自然界在變動，人也一樣在改變，不過在變動之中，是有一定的規律可尋的。由於經驗，人類對于這一定的規律，是認識淸楚，懂得明白的。唯有這樣，人們對于宇宙間的事象，才不會感到茫然無所措乎手足。此外，我們人類也是藉着這些知道一定的規律，才能維持自己的生活，也就是維持自己的生命。生命是需要照料的，並且是需要時時刻刻的照料，爲了照料生命，先需要保護生命，恢復生命的力量，認識種種對生命有危險的事件，並且也該認識生命的需要；只有這樣，人們才會學得如何應付危險與獲得需要。為了生活，人類是時時刻刻，並且可以說是日日加深對這一切種種的注意，惟其如此，我們的經驗才會日漸豐富起來：因為我們人類在日常經驗之中，很自然地會看見許多現象與事故的演化，並能從中看出它們所有的秩序的詳細情形。因之，也很自然地引起人們的努力，來謀取適應並解決的辦法，人類於是便要一日一日的愈發進步了：農人與獵戶，漁民與工匠，都是這樣的得到了經驗與技巧。須知觀察的精神，乃是工人活動的第一條件，也是人類獲得知識與擴展知識的先決條件。

人之生也有涯，而知也無涯，短短的一生，只是憑着自己的經驗，並認識不了好多事物，於是人類很自然地也曉得利用他人的經驗；人類可以用言語（或者文字），將個人的知識傳給其他的人，將這一時代的經驗傳給另一個時代；一個人單獨行動，如果絕對不去傍依前人，絕對不要靠賴集體的資本，他的工作或努力所能獲得的效果，將是極有限度的，甚或可以說是沒有多少結果的，試想一個嬰兒，如果不賴着旁人，他個人如何能解決困難，瞭解事物？人類知識之所以不能與時代分開，與環境脫離關係，其原因就在這裡，無論誰都多多少少地染有時代的特徵，每個人——無論後來他是否是一位絕對反對權威與傳統的人——在開始學習時，他總是需要信賴他人的權威，也需要接受傳統的寶庫，若不然他便無從學習，也無法獲得知識，最低限度無法獲得起碼的知識。沒有起碼的知識基礎，高深的知識自然也無從說起了。為此人類必需到了可以運用自己的方法以後，才能放下這一武器，並且到那時也不能絕對放下，因為人是社會動物，也是一個該受教育的東西，整個的一生，總要受這一條推不翻的定律管轄與統制的，試問有誰不是天天從他人或事物得到教訓或知識呢？

求知的態度與常識的價值和性質　從上面看來，我們的普通知識或常識，除去個人的經驗外，大都建築在他人的意見以及對他人的信任上，也就是說建築在看到或聽到的事情上；但是我們是不是應該滿意於這且並，亦還要穩定在這些看到或聽到的分際上呢？不，這是反對人類天性的，人類在看到或聽到某些事情以後，普通總是要求進一步的解釋；對於自己未曾預料或者那些不曾存留在個人觀念中的事情，人類總是感到驚奇，驚奇以後自然要發問，人們口頭上最愛說的話，除去什麼以外，就是爲什麼？所謂打破砂鍋問到底，幾乎是每個人皆有的情形，甚至連最小最小的一件事情，都可以變成問題。人類很自然地都認爲並相信一切事物，一切行動，一切事象，一切現狀，最好說是整個宇宙，都是有理由，而且應該有其理由的。

每個人都關心眞理，而且是篤愛眞理的，可是他也知道錯誤是屬於人的常事；不過他並不自甘心停在錯誤之中，總是要想辦法來解決錯誤：他自己認爲他是有這種能力的，他也知道他要小心，謹愼，明智的進行；他知道貿然地就下肯定或下否定，或下判斷乃是不合情理的，一方面，他知道不應該過度的不信任他人，可是另方面他也曉得更不應該輕信他人，並且也不應該只信外表；對于第一次的印像，也不應該多加信任，並且也應該避免因着私人利益或感情衝動，而使自己陷于錯誤之中；誰都曉得對於處理知識的態度是：細心的思維，與大公無私的去下判斷，用批判的精神來尋求證據，這是合理而且應該的事。

話再說回來，宇宙是廣大的，需要解釋的事物是無數的，而人的生命又極爲短促，並且事事物物都充滿了神秘，許許多多的問題不得不留給社會集體去解決，因此拿傳統與權威來作我們解決問題的參考，並不能說是一件不明智的舉動與措施。

總結人類的常識內容，不外是一些事實和它們外表的秩序，再則是有關於一些事物與人類存在的理由；獲致這些常識的方法，則不外由於個人的研究和經驗，個人之不足，則有賴於他人的研究或知識；這種他人的研究或經驗，可能是和我們同一世紀的；也可能是我們前世紀的傳統；再則，還有許多知識，是有賴於宗教的教義的；因爲知識的目的與價值，不外使我們認識事物的價值與自己的價值，並應當供給我們生命一種規律：人是自由的，但同時也是向上的，要好的，爲此他需要一種智慧，一種最高的知識，用絕對地方式，來估定人類行爲的價值，並決定行爲的方向，使人走他應該走的路子，完成他的任務，達到他的目的，這種說法是不會有正常的人加以否認的。

然而這種高尚的知識，人生的指導，個人與社會往往感到沒有把握，甚或感覺無法得到，在宗教內則不費氣力的可以得到支援。許多基本問題，有了宗教信仰，便很容易獲得解決，人類的天性原是宗教的，爲此，在不知不覺間，對宗教都會發生信賴之情，甚至許多人對迷信也趨之若鶩；這個，一方面是宗教情緒的濫用，但另一方面也正足以證明我們認爲人類天生傾向宗教的說法，並不是沒有理由的。

人類的普通知識或常識，雖然不是經過深思熟慮，由原因求效果的科學知識和完整知識，而只是建築在經驗上的不完整的知識，但是在這些知識的本身中，却也可以有眞正確實的堅强基石：站在哲學立場上，我們可以將這些基石分爲三種：一種是感覺顯明性的與件（Givens of sensible evidence），這是由感覺可以顯然知道的事件，比如：任何物體，只要說它是物體，小縱小，我們都知道它一定有長、寬、高；第二種是本身顯明的理性原則（Self-evident intelligible principles）。這種原則，已經不是感覺所能看得清楚，而只是理智自身瞭解明白的東西了：比如全體大於部分，一個事物不能同時是有又是無等等。第三種就是從這顯明原則中，直接引伸出來的結論，比如：善惡並不立，矛盾者不能皆眞皆僞等等都是。

在我們常識中的這些知識，從我們會運用理性以後，在我們的心中很自然地都堅信它們是有準確性的，普通我們都說它們是出自人類的天性，既然是出自人類天性，則可以說人人如此，所謂人同此心，心同此理，天下莫不如此也；除非是因爲所受的教育關係或偏見，對這些知識，大家都沒有異議。其準確性，較之科學知識並沒有多少差別，但是其所不同於科學與哲學的，則是在於我們理智對於這些知識的境界，下面我們要較詳盡的討論一下。

由常識到科學　前面我們已經將常識或普通知識作了一個大概的討論，現在我們要說明的是：常識如何發展而成爲科學知識，這乃是文明的任務與責任；現在首先要提出的問題是：科學的知識是什麼？這裡我們只是概括扼要的討論一下，詳情則俟諸另章。

科學是什麼？普通地說：科學乃是一種知識的總和，這種知識的獲致，乃是運用有秩序的方法，獲致以後，並將它們組成一個有連貫性的系統，這就是科學。

知識是什麼？我們首先說明，我們這裡所說的知識，並不指動物的知覺，而專指人類的知識。這是屬於人類的一種行爲，我們的意識佔有一種客體，而客體仍不失其爲客體，也就是我們在章首所說的：接受了一種事物的形式，而將它佔有，但那被佔有的東西，仍是自己的形式或完美：這就是說人類認識的行爲，其本性是以客觀內容爲其對象的，說淸楚些，就是知識肯定認識主體與被認識的客體的分別，心理學上有一句格言說：一切知識都是二元的，主體與客體對立，這對立雖然不一定是實體的：其次是一切知識，都是認識的主體對被認識的客體，乃是一種生命的同化或佔有，我想一個事物，我認識一個東西，乃是眞正將它佔有，同化，而成爲自己的東西，與它一致；爲此我們稱它是生命的同化，但是這種佔有只是心理的，被認識的客體仍然與認識的主體有別。最後，一切的知識都推定意識的開始，也就是說一切知識都是一件有意識的事實，意識不但知道，認識某個客體，並且它還知道它認識這一客體，就是說它有認識的自覺，自己知道自己認識這個東西。

我們還應該知道：知識就其本身來說，是致力於使知識成爲眞實的；所謂眞正知識，乃是在認識的行爲中，自覺地達到客體（或對象）的本身。這就是說：認識客體正如客體本身之所是一樣，科學不僅是努力加增人類知識的數量，而要努力發展人類知識的素質，加強人類認識的深度，加強人類知識的準確性，並予以證明。

科學的目的與方法 科學是有組織的知識，其目的是在用事物的原因來解釋一切事物；爲此就科學的性質來看，它乃是要組織一個純粹學理的知識，來滿足人不顧私利的好奇心；因而不談科學則已，如果要談科學（無論是古代意義或現代意義），則一定要說它是大公無私的，這就是普通所說的「科學無偏見」。在科學的形式觀念之中，或者說在科學的本質觀念之中，利益與實用問題，是不能闖入的，但這並不是說科學研究的結果，是無益於社會人生的。不！現成的例子多得很，不必我們枚擧，每個人也都能清楚知道的，不過人們在研究科學的時候，爲了避免攪亂研究純粹知識者的安靜穩寧的心理與看法，對于利的方面，他們則是擱置一邊，忽視不看的，因爲科學的集中點，是在「眞」而不是在「利」。

我們要知道科學的研究，並不是建築在生活環境裡的偶然事件上，而是在有連續，有計劃的事件上着手，科學是一個從深思熟慮中生出來的果實，它很清楚的知道它所要達成的期望與它努力的目的，同時它知道它並不是漫無理路的亂擅；不，它是根據方法進行的，方法一字，希臘文是（Meta Odos）前一字是「用」，後一字是路或道的意義，這就是說：遵循着一條合理的路子，以期達到目的。

在運用方法的同時，致力於科學研究者，還要有一個時時警覺的批判精神，是這種精神應該建定方法與原則的價值；並且清楚的知道應用它，證實並檢討所獲得的結論，如果發見錯誤，則應該按步就班的改正它們。

最後，我們利用方法所獲得的結論，應該是彼此相隣而相連貫的，因爲一些雞零狗碎，彼此沒有聯系的知識，是不配稱且不能稱爲科學知識的，人類的工作需要有一致的結果，爲此科學的工作，只有用綜合法，才能達成目的，因爲只有綜合法才能使一切的知識，秩然就序：而成爲一個有連貫的系統。

科學的特性　從以上短短的討論中，我們可以歸納結論出科學的特性來：客觀性，無私性，批判精神，有方法，有系統；一切科學，只要它稱得起是科學，在它研究、尋求眞理與準確的時候，一定要具備這些基本的特徵，不然就算不得是科學知識與作科學研究的。

科學與常識的關係　前面我們所說的科學的種種特徵，在人類普通常識裡也一樣具有嫩芽，並且很多次在常識中，這些特性竟達到了實在重要的境界，不過由於普通常識，未能充足的脫離實際生活的需求、未能拋掉實際生活的目的，因而不能完整無缺的發展這些特徵，而躋入科學之林。

實在，我們無論是就歷史方面察看，或者從現實的社會注意，都可以發現在人類生存的普通過程中，知識大多是用來爲福利人類生活的：「智慧是生活的女僕」，便是這種意義的說明，這樣的知識，常是很密切地與生活的情感和傾向相聯結着，並且還與生活有利的目的，組成一個狹窄的一致性。此外，這樣的知識常是照定生活時時改變的環境的方向走，因爲唯有這樣，知識才能適應瞬息萬變的需要，這就是我們的判斷之所以時時有主觀特徵的理由，這也是我們的判斷大多是受着感情生活所支配的原因；我們還知道，對於許多事件的考察和研究，因爲被限制在生存具體而變動的條件中，所以不能過度的展開，同時也不能對事實或與件作一個詳盡的研究；實用是有限的，只要相當的滿足了生存的需求，普通的人便不願在知識上，再更深一層作學理的與好奇的追求了。

但是，需要知道，人並不是註定的都要這樣，他有提拔自己在普通生活窄狹計劃之上的能力與自由；有許多人在生活解決之後，並不像普通人一樣的含哺鼓腹，悠哉遊哉的無所事事；他們的精神要他們想望一個更高的計劃，注意生活之外的這一角，或那一角的現實界，而作一個有方法，有條理而又詳盡的研究，以便獲得一種學理上的知識與科學的學術，科學於是便脫離了常識而產生於人間了。

人類的這種不爲實用，爲知識而知識的努力，無論從那一方面來講，都是有幸運的結果的。第一、對知識固定於眞理之中，時時刻刻都是極爲有利的；其次是這樣的科學知識，就是對于生活的問題，站在利益的觀點下，也是利益很多的：因爲這個純科學的知識，較之普通常識在眞理的程度上，更爲深遠；則其有利於實際生活者，當然也是更大且多了；在日常的經驗中，我們可以毫不費力地就證實這一點。

下面我們要研究的問題乃是科學的自身，就是如何及何時才能構成科學知識？此外還要討論的是各種科學的要素是什麼？

第二章　特殊科學與哲學

題解　本章我們採用特殊科學與哲學的論題，而不說科學與哲學，其原因不外由於我們認爲哲學也是一種科學；上面我們在給科學知識下定義的時候，已經說明了科學的普遍意義：舉凡一切學術，只要符合那樣的定義，便是科學。顯然哲學一科，是與我們給科學下的普遍定義，正相符合的，爲此我們才特別製成特殊科學一辭，來指稱一般人所說的科學。

三種不同的主張　關於特殊科學與哲學的關係，我們如果從哲學史上去推究，去探索，可以分成三種較爲重要而不同的說法。第一種主張：是想把特殊科學引向哲學，也就是說：想把一切知識都歸之於哲學名下；論這一派的起原，有兩種不同的說法，有的主張這種學說是起自希臘古代與歐洲中古；有的則認爲是始自笛卡兒，前一種說法，我們覺得有些牽強附會，不太妥切——下文我們將有說明：第二種說法，我們認爲是正確的，因爲眞正的科學，就是我們所說的特殊科學，尤其是稱爲物理學的特殊科學，雖然在古代已有萌芽，但是它眞正的成爲獨立的學科，乃是伽理略與牛頓時代的事，這時期在哲學上正是笛卡兒的時代，所以我們認爲第二種說法比較合理；笛卡兒曾有「哲學樹」一篇文章，他說：樹的枝幹乃是特殊科學，笛氏認爲科學是研究物的本質的，而物的特性必需握緊本質，哲學直接地統御特殊科學的原則，而且予以强制的指導；笛氏也知道沒有一種特殊科學，能單獨地達成物的本質研究，然而各科聯合起來，則一定要與哲學符合的；所有的分岐只是在於哲學的內部，在哲學的領域內，有形上學，或名普通哲學，有人的哲學，有生物的哲學，有自然哲學，但是却只有一種解釋的典型，一種可被瞭解性的標準。第二種主張是想把哲學引歸科學，其主要意義是否認有一種與科學不同的哲學知識存在；這種學說，最爲一切實證論者與新實證論者所服膺拳拳，並且認爲是眞理的；從孔德到現在的維也納學派，大致都是如此的：這種主張的由來，乃是由於近世紀以來，特殊科學的突飛猛晉，使人很自然地想出，科學可以統一知識，因而排除哲學獨立的觀念。實證派認爲哲學不過是一種過渡的狀態，一種思想上的原始狀態，科學的進步已經使它成了明日黃花。如果我們不健忘的話，只要想起實證派的神學，哲學與科學的三個時代的主張，對這種說法的眞諦，我們便立刻恍然了：他們認爲哲學一事，充其量不過是指稱一種各個不同科學的綜合而已：也就是說：在哲學之中所包括的東西，不過是各種不同的特殊科學的普遍原則，和基本定律而已，至於哲學的本身，它原是沒有一點自己的方法與對象的。

新實證主義或當代實證主義者，他們目前則都在設法證明：哲學問題絕無意義；並且還要證明它們是不合科學的；他們認爲哲學充其量不過算是神話與小說而已。此外他們還設法指定並確定：一種眞正有科學價值的語言和命題，所有的條件，不但只是在精確意義中，毫釐不爽，並且還要嚴格地將科學觀念的內容限制在經驗證實，或至少可以證實的境界中。此外還是可以用符號邏輯的辭句解釋說明，否則便不是科學，便不是知識了。

第三種主張：此派認爲哲學與科學是有分別的；既然有分別，自然是分別地存在；但它並不否認有分別之事，其間也有很多關係存在，比較清楚的說：這一派是承認知識分爲科學—特殊科學—與哲學的合法性，二者皆有其確實性與價值；雖然在程度上是有分別與有差異的。此外，這兩種學科，在觀念上，彼此乃是各自獨立的，各自有其本質基礎的，彼此的歸引或縮一，乃是不可能的。我們認爲這第三派是合理而正確的。後面，我們將從它們的歷史與它們的本質中，予以證明；在這之先，我們也要約略地說一說前二說的錯誤，其詳細情形在另章內，我們再加以敘述。

第一主張的錯誤　從哲學史去看，哲學吞併科學的學說，已經成了明日黃花的主張，現在已經再沒有人理會這種說法了。特殊科學的發展與長成，已經確實地給我們肯定科學是不屬於哲學紀律的。科學無論是在它可理解性的原則上，或是在其方法上，都是與哲學不同的；在世界內的一切事物中，我們很清楚地可以看見：是有變與不變二者的分別的，這變與不變且是集於一物。至論想把科學歸併於哲學的主張，乃是想將這兩者合爲一爐，而對它們加以研究；也可以說是將兩個對立或相反的東西，作成一種學術去研究，這個就普通常識或直覺來說，我們總覺得它是不可以的。在以後的章節內：我們還要討論哲學與科學的不同，科學是研究事物的質或量的；質和量，就事物來說，只是它的特徵，而並不是它的本質。哲學呢，它乃是研究本質的；這是在解釋與理解事物的原則上，哲學與科學所有的分歧。其次，則是在方法上，哲學與科學，也有不同，哲學使用的是演繹法，而科學則用的是歸納法，一種是推理的，一種是實驗的，硬將兩個併成一個，當然是不會成功的，拉德里（Ladriere）教授說：「汎哲學的態度表顯着一個過度的野心，它願意符合可理解性的高等要求，而構成一個完全演繹的知識，這知識是奠基在物的本質的認識上。但是這種企圖失敗了，「自然科學因而生出」。除去最後一句，我們不能完全同意外，拉氏的說法，是不錯的。

第二種主張的不通　對科學吞併哲學的學說，我們要提出的問題是：一、這種態度是否使求知的慾望，完全如願以償？二、是不是完全符合人類精神的科學理想？

在特殊科學產生以前，人類已經有了很多的粗糙觀念，與不太有根基的解釋，還可能有邪術，宗教與哲學的概念相混；特殊科學是產生於一種系統化的需要，在它發現它的工具—觀念價值—時，便算得到了它的發展，科學是運用實驗方法的；然而在實驗方法之先，人則已經早就有稱之為先科學時期的粗糙觀念了；這些觀念的產生，顯明的是合每個人生活所在的文化環境的水準有關的。原來，是這些先有觀念，來指導人類作科學的研究，也是在這些觀念的根基上，分別各種不同的科學。同時也是這些觀念，供給我們所要研究的科學對象，多多少少或詳或略的知識，並指示給我們實驗方法所應走的途徑。譬如：必須有宇宙觀念，才能有物理學或生物學；在構成寒暑表之前，必定先有一些關於討論熱學的原理，那麼從這裡，很自然地我們就可以看出，特殊科學是不能包括這在它以先就有的觀念與知識的。

還有，這些先有的觀念，不但只是指導特殊科學的對象，並且對於特殊科學的方法與結構，也是頗有關係的。我們知道用為作實驗方法之價值的裁定與根據的，並不是方法的自身，而乃是知識的某種學說；在所有的一切科學中，我們都是要求較深的解釋，要求更統一的統一，這種心願絕不是特殊科學所能滿足的。因為特殊科學是愈分愈細，彼此無法自己統一，而統一之者，當然該是另一種科學了，我們都知道特殊科學所研究的，不外是物的現象，現象之外是不是有物的本質呢？沒有本質，現象又自何而來？科學家設想他們經驗的結果，乃是依隨着物或自立體的範疇，或者是依隨着關係的範疇：這些範疇，無疑的並不是來自物理尺度的工具，而是來自常識或哲學觀念；同時這些觀念又是不能爲特殊科學所吸收，而是必要地存留在特殊科學之外的。因爲這些觀念是不屬於特殊科學範圍，而且也是在它方法以外的。縱讓實證主義認爲：到最後時期，這些觀念總要被取消，但是引導他們設想這種情形的觀念，並不是特殊科學，而乃是某種知識的學理，這學理永遠是在特殊科學構成之外的；因爲特殊科學的構成的唯一特徵，乃是由感覺操縱的證實，最少是經驗可以徵知的，我們也叫它是假設；它的所以形成之故，乃是因爲它與感覺或經驗證實的結論有關；出了這種範圍，便不能稱它是特殊科學了；但是指明這些證實是眞實的最後根據，則不能在特殊科學範圍之內，因爲這樣感覺的證實，又另需要感覺證實，以至於無窮，這是不可能的。

此外還有許多問題，爲特殊科學的方法所無法解決的；就是在其研究的對象之內，也有這種現象。比如解剖學與生理學，從這些科學內，我們看出有生者與無生者的分別；但我們却看不見這些表徵，是在什麼樣的基本的特徵之下，互相聯系着，是什麼方式的統一，引出了這個總和。特殊科學愈進步，問題便愈多，便愈無法解決；當然，有些問題可以爲特殊科學解決，有的則是無法可想：因爲實驗方法，如同我們前面所說，只是適用於現象，現象背後的本質，則超出了實驗方法的範圍；如果我們甘心地停止在經驗中，那乃是相反我們求知精神的。加之，我們的意識，我們的理知，也都不在經驗範圍之內，那麼以經驗或實驗方法的特殊科學，來攏斷一切，來呑併哲學，自然是不通之論了。

我們的主張　第三種說法是哲學與特殊科學彼此有分別，彼此各自獨立，而彼此也是有關係的；我們在這裡，就採取了這種主張，並且加以信實的，下面我們且逐步予以說明和證實。

從歷史中說起　世界上每個民族，無論是文明的或者野蠻的，毫無例外，他們都是有理性生活的；可是很少有民族，達到了科學分際的，我國對於研究科學失敗的原因，不特是由於利用厚生的實用觀念作祟，並且把科學當作雕蟲小技，當作機械、機事、機心，還有仁者羞爲之的觀念，更是科學所以不能興盛的致命傷。其他像古代的印度，波斯，小亞西亞，埃及，巴比侖等國，則都是走了知識只爲實用或經驗主義的路子；沒有一個國家肯作推理的，大公無私的，有方法的研究，只有希臘例外。在希臘，科學精神得到暢行無阻，並且也自由地發展着。智人們從這個科學精神中，發現了理性極高的價值，同時他們也感到認識，解釋並瞭解的快樂，因而浸潤生活於其中；他們又認爲人類精神純理性的活動，乃是使人對認識實在界，並前進不已的最好方法；他們對於知識的形式技術的研究，也不肯放鬆。推理邏輯的研究，就是這樣的一個實例。希臘人知道將科學與實際的應用分開，這是人類在知識上的一個決定性的勝利。從此以後，勝利一直在延長下去，這對世界文明實在算是一個奇蹟．希臘人在理性生活上，我們說他們高人一等，大致上，這是不算錯誤的。

希臘人的科學觀念　科學是什麼？希臘人從老早就告訴我們了，他們說：科學是利用因果理由，對一切事物的一個推理的解釋：這就是說用原因來解釋事物，求一切事物的推理原因。希臘人認爲：實在的世界就是一個宇宙，所謂宇宙者，不外是萬事萬物的總聚。第一，這一切並不是雜亂無章，乃是秩序井然的；其次，這種秩序是合理的，也就是可以爲人類的智慧所理解的；第三，這種秩序又是因果性的，對於一切事像的解釋，都可以在它的原因中找到。這三個原則統制了希臘整個的科學，他們所作的科學研究是依據事實，然後再推而上之，以至於原因階梯的最高頂顚上。

這種科學的觀念，在亞利斯多德的著作中，我們可以很清楚的找出來，同時我們也可以多加一句，這種觀念一直到近代仍未失去效力。

根據亞利斯多德的論調：人類的理智對實物的發見乃是漸進性的，這是由於人類逐漸地接觸不同的對象的緣故。這種漸進性的發見，亞利斯多德分之爲三級，他稱它們是抽象三級：卽所謂物理抽象，數學抽象和形上抽象。我們知道人類智慧的對象，並不是有形事物的具體外表，乃有形事物的抽象本質；人類的理智在工作時，必需有感覺官能的協助，不錯，但是只有作了抽象工夫之後，智慧才能達到它的對象。所謂抽象，乃是我們靈心的一種動作，在考察研究事物的時候，只管事物中的一端而忽略其餘；也等於說將事物各方面，分別來看，但是並不否認其所不看的事物或與件。

我們說抽象分成三級，首先，我們接觸的是有形宇宙，我們如果不看它的個體特徵，則它所顯示給我們的乃是可感覺的特徵，接受運動與時間之約束，這就是我們所說的物理抽象，也就是在物理學內，所要研究的對象。如果我們將有形宇宙作了時間與運動的抽象，卽除去了所作的個體抽象以外，還加上形體的抽象，那麼我們所見於物體的，則只是「量」了，這就是數理抽象，而爲數學研究的對象。第三度的抽象，乃是忽視個體，形體以及數量的特徵，而在事物的實在性中，觀看宇宙及其中的一切；那時我們所見的乃是「有」，是自立體，是眞理，是善；這種觀念並可用之於無形之物。我們稱之爲形上抽象。這種觀念我們只能得之於理性，而並不是用感官得來的(感官只能在時間與運動中看到事物的素質)。「有」(或物)就其爲「有」(或物)的看法來看，雖然我們所注意的事物是可感覺的，但是在這裡我們已經脫出物的感覺部分了。這種觀點，使我們在一個同一的研究中，除去有形的事物群以外，還能達到與合併另一類「有」的實在性，這實在性並不是可感覺的事物：這就是我們在前幾行內所說的無形事物，連神體也包括在內。第一哲學(後來也稱之爲形上學)就是研究在這種形上抽象的觀點下，所概括的一切事物。再往清楚裡說，形上學的對象，乃是研究一切可感覺的物體，並不是就它們的可感覺性去着手，而只是就它是「有」(或物)來研究，也就是說只是就它那純粹可理解的觀點去研究；此外，形上學還要研究沒有形體的事物，這些事物（我們姑且稱之爲事物吧），乃是我們感覺所不能達到的，只有我們的理智可及，關於後者的學科，我們又稱之爲神學，因爲神（天主）乃是這一學科的主要對象。

從亞利斯多德對抽象，對學術的這種排比內，我們可以看出各種學科的分歧，也可以看出特殊科學所有的地位與其固有對象。它們與哲學是不同的。但是如果將這一切學科聚攏在一起並予以昇華，就要構成了一個科學實體，或稱之爲哲學，而以形上學與第一哲學爲其鎖鑰與關鍵。

數學的意義　數學是一種科學，這是毫無疑義的，因爲它也是追求原因的學科。但是因爲它那純粹抽象的特徵，在科學之中，它所佔的位置，也是特殊的，並且它和其他科學的關係，也不大容易看得清楚。我們知道物理學與形上學，它們都是以自己的觀點，來研究事物的實在性。而數學則反是，它研究的不是物的實在性，而是物體特質的量，但它却又不要這「量」屬於任何有形的自立體，這是說不讓「量」依附在具體的事物上；不錯，數學的基本概念是由於形體的「量」所形成的，但是在使用它們的時候則又一點也不管「量」與實物的關係。數學就其本身來說，它並不轉向事物的實在解釋，因爲它適應虛構的東西，與適應實在的事物，完全是一樣的。實在，亞利斯多德並不是數學家，他完成了一個哲學體系，其目的是在用這體系來解釋宇宙；但是他留給數學解釋宇宙的地盤，則是非常之小的。

數學就其自身來說，它是有自己的獨立存在的，它並不依傍其他的學科，從遠古時代，它便達到一個相當完善的境界。最使人注意的，乃是它那演繹的特性：從幾個原則（定義與假設）開始，來作推理工夫，就是從這一種配合，推論到另一種配合，其結果可以引出無限止的，一組組的結論。數學乃是純理性科學的典型，只受不可改變的推理的必要性所支配，並且是最大限度的不屬於經驗的偶有性。

特殊科學的獨立　從上面所說，我們知道科學與神哲學雖然有分別，但是却構成一個科學整體，而沒有一一的獲得獨立存在。不過有的科學，像天文學，機械學，自然科學，從古以來，它們就企圖脫離這一整體而自己獨立起來；等到中古末期，在歐洲，這種獨立運動，更是如火如荼地燃燒起來，以至今日。在天文、機械、物理學獨立以後，又有化學、生物學、社會學、心理學等等的產生。這些科學，都是單獨形成的，各自有各自的新基礎：就是在自己園地內，各人有自己的固有的經驗基礎，而不再奠基於管理全體的哲學原則上了。

當然全盤科學的形態，並不是馬上就完成的。它們乃是逐漸形成的，經過了很久的時間以後，才有了近代科學的固有特徵；當着各種特殊科學正在發皇光大的時候，如同我們前面所說，有不少的人認爲科學可以統理一切，並認爲哲學已經失去了它的地位，而歸向特殊科學了。關於這一點，我們在前面已經說明：它是不能成立的，由於批判科學的發達，我們深切瞭解，只是特殊科學並不能予宇宙以完整的解釋，是必應該給另一種方法留下研究與解釋的地盤的，科學的解釋是合法的，必要的；而哲學的解釋也一樣合法的，必要的；二者容或不同，但是並沒有敵對的情形，而且彼此也是可以合作的。

從以上說，我們可以看出，古代希臘所有的科學觀念，是將哲學包括在內的；但是也需要知道，在這種科學觀念下的科學，也是有其等級的，所謂科學整體，在它之中，是包括着特殊科學，數學與哲學的。它們彼此雖然成爲一個整體，然而在實際的觀念上，彼此又是有分別的，並沒有所謂誰歸向誰，或誰吞併誰的說法；爲此我們才敢於說從古代希臘科學整體觀念去看，特殊科學與哲學是有分別的。

科學的目前意義　科學的意義，我們前面已經有過詮釋了，但那只是傳統的科學二字的意義。到了近代，科學的意義已有很多的改變，下文我們將分類解釋——所謂分類解釋，就是將各科科學的意義，分開來講述一下，以見它們與哲學有什麼分別，

數學　數學是具有演繹科學的特徵的。它的起點是依據若干討論量的原則，其餘則屬於推理法則。它的定義與假設，是一半屬於實驗，一半屬於觀念的。

經驗科學　經驗科學則不是這樣了，它們是注意在經驗的與件上，具有一種狹義的經驗特徵。經驗科學乃是自囿於現象的園地內，同時，也絕不想離開它們一步。經驗科學所研究的，不外是現象表現的相續相隨而且持之長久的秩序。記住！這就是經驗科學的性質與對象。我們觀看考察事實，可以從中發現一種準確的規律性；相似的事件發生在相似現象的條件中，這是說有前因有後果，有規律地出現着現象與事實。比如我擦一根火柴在不平的表面上，火柴便要燃燒起來，一枚果實從樹上掉下來時，是愈來愈快，而一直到地上時爲止；金屬物體遇冷則縮，遇熱則漲………

所謂前因也能稱之爲原因，後果則是效驗（比如鋅可以分解硫酸）；而科學家並不由此指定生產原因的任何關係（如同熱是一個本體的實在物，是一個個體的物，對於另一個實在物—一個金屬棒上—有其力量的影響，而改變其面積與體積），而只是指出它聯絡兩個東西的作用關係：在科學上，代替本名的因果關係，普通則只說現象的合規律性與合法性（科學家聲明金屬棒的漲縮的確定的變化是繫於它的熱度的變化，但是這一命題並不說明金屬棒，熱，或有形宇宙內的因果的本體性質，這是科學的限定，它的方法禁止它討論歸於哲學上的本質問題，但這並不是說我們根本不主張討論宇宙內萬物的本質）。

從以上所說，我們知道科學定律是說明在事實已經證實了的境界。科學家所想出的解釋性的理論，都是在於事實的引伸裡的；而一切原素在經驗的與件下，則是同質的；這是說科學家在構成一種理論時，總是思想着更普遍的作用關係，從那裡可以「演繹」出各種不同的實驗定律，並要將這些定律歸納入一個一致的系統內，而這個一致乃是有邏輯特徵的。

比如我們常常看到許多東西從高處跌下，有心人則注意它們一切的經過，慢慢地就可以從中引出速率與物體下跌的方向的定律；而煤氣與炊煙有着上升的力量，一樣也有定律可以把它們引導出來，因之就連笨重如飛鳥飛機的東西，如果符合了這些定律，也一樣可以上升，或者我們說，飛機上升的種種事實，是符合於在科學上已經規定好了的定律的，這一樣也沒有什麼語柄。

海潮起伏的大小，我們可以預知，觀察星宿，也可以使我們研究出它們的運動規律來。但是科學家們，並不認爲只是連續的指出或找到了這一切確證的定律就夠了——這些定律是說明經驗的與件的連續與共存的境界——不，他們不肯安心於此，他們還要將這些定律聯結起來，成爲一個有系統的東西，有的定律只是另一些更普遍的定律的應用（蘋果的從樹上下跌是依照菓實下跌定律，而這定律又要歸納於物體下跌定律中）。這是合於邏輯的；這樣歸納下去，定律的數目便會愈來愈少，或者可以達到只有一個基本定律的境界。其餘的定律與這基本的定律有邏輯上的（必要的）聯繫的，由此可以構成一個系統或者一個知識的總和；如果我們瞭解了這個系統是有邏輯的聯系，彼此連鎖，特別是與它的原則或普遍的定律都有邏輯的關連的話，那末很自然地，每一條單個的定律，我們也自然會瞭解了。

這些定律有的被稱爲經驗的定律，有的被稱爲引伸的定律；經驗的定律，如同我們上面所說，它乃是由經驗證實了的定律；而引伸的定律則是由於演繹法的關係，來與另一個普遍定律相聯繫，並且可以在這個普遍定律之中，找到它們原因的解釋，而構成一個一致的系統。

爲構成一個這樣的系統，科學家還要走出那已經確證的與件以外，來構成他們的科學理論；他們應該尋求一個或多個基本原則（原理），作爲演繹的基礎，來完成經驗定律的綜合，我們知道由於這一綜合，這些定律才能具有邏輯的聯繫，因之，彼此才能發生關係。這些基本原則，不但是科學的，而且也是與實驗的定律性質相同的。因爲它們正如同這些定律一樣，只是說明與件中的作用關係。但它們還依然是假設的，除非是由於運用經驗方法，如同事實一樣的，完成地證明了它們的企望。不然它們總是停留在假設階段的。

比如我們提出了萬有引力定律，很多確證的定律，因着它就可以使人瞭解：因爲這些定律都是從它發生出來的。實在，牛頓的這一定律，雖不是絕對的眞理，也不是面面俱通的定律，但如果我們仍肯予以承認，許多問題，便可以解決，我們承認了它，我們自然也要承認：必然地有某些物體，在某種指定的環境中要上升或下降，海潮也要邏輯必要地合法或升或降，星宿也該實行人們確實證明的運行。

這裡有些特殊科學，我們要特別提出討論一下：計有物理、生理、心理與歷史。

物理學　關於物理學，我們該有許多應知道的事實，這裡我們只能簡單截說：古代或中古的物理學是研究宇宙事物的質，近代的物理學則是研究宇宇宙事物的量，或者說是研究質的量，十九世紀是許多科學開始與進步的時代，物理學更是有了特殊的新生力。但是到了二十世紀，物理學發生了一個最大的變動，到現在還未停止：那便是放射性的發現，對發光的各種形式的研究，對物質構成的探討，電子說，波動說，機械與量的學說，對等律，反對等律等等，五花八門，不一而足。

十九世紀與現代的物理學是不同的。㈠十九世紀的物理是膠着在地球的現象上，現代物理則注意元素的事實（原子說，放射說），它們的總體才算地球的現象。㈡過去的物理是相信絕對時間與歐克立特的空間，信任定命說，走向一個機械的綜合；現在的物理則承認時空的相對性，正相反機械主義與定命說，而今相反對等說的新理論又出來了，物理學又要有新的激變了。

實在，當代物理學的激變，其原因可歸於：相對性原理，它將我們對宇宙的觀念給混亂了：空間、時間、速率、質量、形式都成了相對的；時間與空間混而爲一；質量與力相等值；若干人對物質的自立性也成了問題；對天文學上的應用，對形體說的使用也都變了，一切都成了相對的。再一個使物理學改變的東西便是：量的學說：在放射力的傳播上，它將不連續與相連續的聯結起來。根據或然性的積分，現代物理學是反對過去物理的觀念的（打破了機械主義，命定主義）；對於人類許多基本觀念也發生了問題。比如、因果律，對象或客體觀念，個體觀念等等。

由於這兩種理論的關係，人們的常識與科學知識成了更深的對立；從物理學來看宇宙的外觀，已經和我們的感覺所見，完全不同了。空間、時間、個體、形體的觀念，在原子與電子的標尺衡量下，已經完全失去了感覺所見實體的價值了。由於量的學理，再不能用像與動來解釋宇宙了，正統的機械學已經成爲問題了。

再則是數學化愈來愈顯著了，實驗科學的突飛猛晉，只有數學是唯一適當表現的方法，文法的語言已經是絕對過時的東西了，物理的實在性是在數學的圖形上飛翔着，眞理是在公式之中，科學已脫離了語言與其聯體的衣服。數學與物理學的新學理，曳出了思想的淘新；電氣現象的愈來愈重要，漸漸淘汰了機械。科學的逐漸互通，正在走向着學術的大統一；當代的物理學是具有批判和反形上學的態度的。也反對着神人同形說，當代的物理學又告知我們，我們對宇宙的想像觀念是不恰切的，這是因爲數學闖入的關係，它們的關係不是普通語言所能譯出的；現在的物理不但在發明的觀點上，就是在解釋事物的觀點上，都能獨佔了數理邏輯的用語，從物理學運用這樣的方法所有的成績上，我們可以證實了這一肯定的正確。最後我們再總括一句，物理學與過去的分歧點，乃是用量的觀點來研究一切。

生物學：生物學是得力於物理學的進步的，因爲它的對象，它的物質對象，在本質上是屬於物理境界的，因爲生物學與物理學同是研究物的現象的科學，但是生物學的特殊對象，卽所謂形式的對象，乃是在研究有生物體（包括植，動及人）的生命現象，而物理則是着重在礦物的現象，生命是超越礦物界的，對於一切生命現象解釋爲純機械性的，都是不合於事實的。它是超越數理邏輯的，並且它所表現的作用關係的境界，也是與數理邏輯與物理學不同的。

心理學　心理學分作靈性心理學與實驗心理學兩種，後者是屬於實驗科學的，它是超過生物學的境界的科學，它所研究動物或人魂的行爲現象，雖然與生物學緊緊相聯，但是這現象是更接近哲學，而很難下屬於度量與數學定律的。生物學的定律，對構成動物行爲的反應境界，是不能給我們恰切的解釋的。在這之外，生物學的定律，也不能給我們解釋人們的個人姿態，也不能說明人們在社會、法律、道德，宗教，以及藝術種種活動的種種理由。總之，它們是不能說明人類在文化與文明進展中的活動的。

歷史科學　我們以上的研究與討論過的經驗科學，其目的乃是爲達到普遍的定律，而說明那一連串的相似事實的共同點；還有其他的科學，雖然也是經驗的，但是其進行的方式，則是在其單獨性內設法指定事實：歷史科學就是這樣的一個，歷史科學是重新組成人類生活的主要事象，它們並不說明，在無論什麽時候，都合規律地再發見的經驗關係，而是在不可重演的時間過程，注意指定一些偶有的事件，一些具體而獨一的步驟。我們說歷史科學是重組人類生活過去的事象；顯明地，這並不是說我們能說明並重現過去的一切事情的詳情，不，在這些事情中，我們必需有一個抉擇。

歷史科學應該首先注意那些事實？我們知道人類的行爲與其生活的境況，總不會是孤立的，也總不會是彼此不相關屬的，這不特由於人與人必需發生關係，並且還由於個人的生活，也不是一個不相連續的跳動體，爲此這些行爲與境況常是在一起的，加之人們都有同樣的本性傾向，同樣的個人意志，來啓發並支持這些事項。這種傾向與這種意志，乃是發展在人位的個性與秉賦的範圍之中，在每人的生命過程中，它是有長期性的影響的。那麼最引起歷史家注意的，該是那些特別表現人的一己的抉擇，與其本性傾向的方向的事實。因為這些事項排比在生命的過程中，並表示出生活的轉捩點，使我們易於把握並瞭解一個時代或人物的一般意義；也能解釋與這一時代或人物關連着的許多事實。歷史批判的特徵就是從一件事實——一個證據或過去事跡的存在——而到達另一個事實，即歷史事實的存在。為此一位眞正的歷史家，並不滿意於使用一種科學的，細膩的技術，在批判或有助於發見的工作上，有所成就；而是要作成一種綜合，就是說將那些有特徵的事實，弄出一個有秩序的總和來；使那些研究過的事實，能夠作成一個可理解並相對忠實的情景，不用說這是一種很難的工作，從此我們也可以斷定，在許多歷史家內，究竟那一位是眞正的歷史家，更好的歷史家。

總結來說，所謂歷史科學不外是歷史批判與歷史綜合，歷史批判固然不是易事，而歷史綜合則更是一件難事，批判還有材料可用（對象的批判，證據的批判），而綜合則除去推理作用以外，還必須將人類某一階段的事實，可能的作成（代表性的）完整，可瞭解，與恰當人意的組合。

科學有解釋的功能　一切的科學都有解釋的功能，可是它們解釋方式則是各自互異的，數學是發展着一個演繹的系統；由此，它才是可以理解的，也正因為它是演繹的系統，它才能完成了科學理想的完美，就是它能滿足人心，使人能瞭解當前的事實。

數學方法乃是極單純的，有完整的顯明性，運用這個方法的人，對於任何思想的看法，都要求有直覺的淸楚明晰；對於系統，他們更認為必需是淸楚的，絲毫不苟的。原因是數學有這樣的特徵：它所注意的只是觀念與內在的原因（形式原因），所有一切演繹出來的新事，都可說是先天的包括於定義或定理中，它的危險則是容易引人精神入於窄狹，而要求其他科學皆要如數學一樣的緊湊嚴格與明晰，須知這乃是不可能的事件。

經驗科學使用的方法是歸納法，由於這種方法，經驗科學開始積累許多事實，並進而從事統理連續的現象，因而作成許多經驗定律。但是它們同樣的也要求組成一個系統；為此它們也發明理論，在可能範圍以內，使我們瞭解經驗定律，看出其間的邏輯聯繫，並明白它們所依據的原則或基本定律。

歷史的說明價值，並不只是在紀錄事件上，而是在使人瞭解所要研究的無數事象。歷史為使人瞭解這些事象，它應該發見那些聯結於許多因素中的關係，特別是心理界的因素，或者是影響心理界的因素，這些因素或者是循着自然的必要性，或者是自由的，有理智的決定的途徑，來確定並釋明人類事件的經過。

特殊科學並不足以解釋一切　這一條也可以用為反駁科學攏斷一切，科學吞併哲學的主張，因為我們看出來以上我們所討論過的特殊科學，並不足以解決人類所有的一切問題，那麼很自然地還有一塊理性的園地，不屬於自然，社會科學；這塊園地，就是我們要說的哲學的園地。

首先我們要討論的是數學與經驗科學，這些科學永久是從必要的假設開始的，關於這些假設，特殊科學也無法予以證實：很顯明的是各種科學研究都是依據在若干「與件」上，特別是需要我們—我們也是與件—以及我們為發展科學所必需的認識作用；但是如果我們能眞正的指出一排排的事實，而把它們歸納成為經驗定律，那麼我們也一定要有一種發出更遠的問題的傾向來，特別是下列的問題：與件的實在性是不是完整的歸入經驗界呢？它是不是不要伸張到經驗界之外，而也不插入超經驗的基礎呢？這樣的問題，同時也有關於實在物的內在結構，起原與命運；論到人的生存這一類問題，更容易發生，但是眞正的問題範圍則不僅限於人生，而是及於整個與件的實在性。因為整個的實在性就其為實在性來說，都能有這樣的問題發出；如此說來，這些問題當然是包括整個的事物，整個的宇宙，其範圍之大是可想而知了。顯見的，這些問題的解決，並不是數學所能爲功的：因爲數學將實物抽象去了，並不拿實物來作研究，而只是就其數量一面下手，其不足以解釋物的由來等項，是顯而易見的事；經驗科學，對這些問題也是望洋興歎的，因爲經驗方法總不能夠解決超經驗的問題！甚至我們可以說連正確地提出這些問題來，都不可能，那麼很自然地在數學與特殊科學園地以外，還另有研究並解決這些問題的學術存在，這種學術，我們則稱之爲哲學。

過去對內容分不清是科學或哲學者，現在是可以分別清楚，而且也能充足地瞭解其分別了，在這些不同的學科內，我們發現了它們彼此是不能互納的。因爲在原則與方法上，它們根本就不相同，而作爲瞭解之學的典型，自然也就相異了。數學與特殊科學，彼此是不容相混的，那麼很自然的，數學、特殊科學與人們所稱之爲哲學的東西，也一樣不能混淆的。我們普通既會將物理學與和物理學相對的宇宙哲學，彼此分開；同時又能夠將生物學與生命哲學，彼此異類；實驗心理學與哲學心理學彼此的界限，也可以釐然劃清；那麼對其餘各種科學與哲學的不同，也自然能瞭然於懷了。

關於特殊科學與哲學本質的研究，在當代的思想裡，已經有了極重要的進步；此後，眞正的學者，再也不會將特殊科學固有的問題，留給哲學去研究；而科學家也應該避免在哲學園地裡冒險，無理取鬧的去否認二者的基本分歧了。

彼此相關　哲學雖是研究超經驗的科學，可是我們曉得超經驗觀念的獲得，則有賴於經驗，但是我們要明白哲學雖是依據經驗的與件，而從這裡開始它的工作，但並不是因此哲學便寘基在經驗上，以經驗爲目的，它只是以經驗爲工具的；我們知道一切經驗科學則正自囿於經驗的園地，以便更詳細的研究它，更精確的描寫它，哲學旣以經驗爲工具，爲借力，那末很自然的，它不能避免與科學發生關係的，爲此也應該曉得經驗科學的成績。

這樣說來，我們自然要提出兩個問題：卽是不是我們應該結論說：㈠哲學是叨了科學的光。㈡哲學在它的研究工作上，是受了科學變遷的影響與基本演化的牽掣？有一些普通經驗的事實，我們可以說是充足的成立與成爲定規了；它們可以說並不屬於任何科學方法的，這些經驗的事實—也可以說是人類的普遍常識，以後我們還要提到—是可以用爲構成哲學一科的確實的根據，與不可拒絕的起點的。在哲學上，我們是不可忽視研究這個問題的。

無論如何，我們該知道，科學的新發見，是能夠引起哲學發生新問題的，並且也使舊問題更正確更恰切的獲得說明，此外還可以淘汰以前認爲是哲學問題，而實際上並不是哲學問題的問題。

在科學一面，它們雖是研究經驗的與件，但它們並不能離開哲學，下面我們在給哲學下了定義之後，對哲學與科學的關係，還有更詳細的討論，現在我們只是說一句：科學也一樣從哲學的進步中獲得利益；無論如何，科學家總是要相信一派哲學的。同時這一派哲學對於他研究科學，構成理論與原則，是很有影響的。在他研究的結論中，也可以知道並分別出那些是出於科學的技術與邏輯的。這在研究科學上實在是一件值得慶祝的事。

科學批判學在科學的研究上也是很有用的，因爲是它啓發並光照科學的研究工作，此外它還給科學指示出它的本質，界限，指義與可能性，然而我們要知道，科學批判學並不屬於科學範圍，而乃是在哲學界限以內的東西。

最後，我們要曉得，各種不同的科學，它們因研究所獲得的結果，彼此應該是相近而統一於一個綜合的。這不可能是一個特殊科學的工作，而是要求各種科學——一切科學——的合作，爲了擁抱這一切科學所達成的結果，需要一個相當廣大的精神，但是這種綜合，如果不是有哲學原則的指導，只是從科學自身以內，不走出它們的固有範圍，這種綜合將是總不會達成的。總之，哲學在使人們瞭解宇宙科學觀點的整個意義，是有其用途與力量的，並且也可能是它，對於這個綜合，有一個眞正的解決。

第三章　神學與哲學

人類知識的分類，我們在第一章中，已經指出了幾種方式，而我們所採用的則是常識、科學、哲學與神學的分法。在討論哲學究竟是什麼之先，我們還是從與哲學有分別的學科說起，以便異中求同，終而洞悉到哲學的本質，那麼現在剩下的則是要討論神學與哲學的種種了。

神學的意義　神學二字在英文是：Theology，來自希臘文：Theos logos 即論神之意，神學有兩種，一種是自然神學，一種是超自然神學，所謂自然神學，就是我們只用我們理性的力量，自然地認識神（天主）：也就是說，我們以我們的智力，利用萬物，來認識神，以他爲自然秩序的主宰，所以稱這樣的神學爲自然神學，所謂超自然的神學，或簡稱神學，當然也是論神的一種科學，也是人類知識的一枝，也一樣運用系統與方法的研究（廣義科學的方法），來研究啓示的內容；所謂啓示，又名天啓，就是說神自己親自來告知我們，關於他的本體的種種；這樣說來，超自然的神學由於神聖的特徵，是與其他科學規律有分別的，神學研究的對象並不是經驗的事實，也不是本身就顯明的眞理，乃是一個因着神的權威加給人類信仰的與件；它的一切價值正式地被神的見證所保證；這樣說來，超自然的神學乃是一種傳達超自然的眞理的學科。

神學既是一種有系統有方法的學科，它一定要與其他的科學（歷史、語言、人類學，哲學等等發生關係，因爲我們就現有所謂天啓的書籍去看，發現並沒一種是有系統有方的東西，然而超自然的神學則是組織緊嚴，方法縝密的學科，那麼這種組織和方法的完成，乃是仰仗或運用其他科學的結果；超自然神學使用種種科學，以便依照方法，來建立和解釋啓示的眞理，並從此完成一個體系；不過我們也要明白科學與神學的這種關係，只是屬於神學的目的，而不歸於它的本質，爲此它們是不能除去神學超自然的特性的。

神學的對象及其他　神學的對象有一部分乃是我們的理智可以達到的內在價值（神的存在與某幾種特徵），在這種觀點下來說，超自然啓示的園地有一部分是和自然知識領域相互溝通的，但是就其本義來說，在超自然的啓示中所容納的乃是超越人類理智能力的眞理，爲人類是永久不可瞭解的奧秘，這當然是就其用自然方法來說的，因爲超自然的東西，自然是不能用自然方法，來瞭解的；更淸楚的說，這眞理就是神的自身的本來面目，他的自身的生活，也就是說在神性的觀點下，神究竟如何？這裡我們已經不說神是萬物的原因與自然秩序的主宰了，而是就他是超自然一面來說；超自然神學對於神所認識的一切，都是從神的本身函數開始；而自然神學對神的一切認識，則無非是就物的普遍觀點來說。

神學的原則乃是神正式啓示的眞理（即所謂信條是），其主要眞理的標準乃是啓示之神的權威，至論神學的光明（即我們用什麼智能去研究神學），則並不是我們單純的理性本然智力，而乃是受信仰光照的理性，這是說研究超自然的神學，並不是我們理性的本然智力所能爲功，而必要是有信仰的理性，有信仰方能信服這些正式啓示或含於啓示之間的道理，但不是說，只是一味信仰而不求瞭解，中古時代的名言，信仰是爲了瞭解，瞭解乃爲信仰，就是我們這種理論的注脚；這是人類所有知識中最有確實性的一種知識，同時也是一種最高的學問。

宗教與神學　從上文所說，我們知道超自然的神學，是奠基於信仰的，信仰乃是屬於宗教的，只有宗教才要求人信仰；只有在宗教內才有信仰，那麼只有在宗教內才有神學，這乃是順情應理的結論，現在我們更進一步的主張：在許多宗教內，並不見得是有神學的；即有，它們的神學與哲學，也不見得有多大分別，並且可以說是一而二，二而一的事，我國的儒家，本來不是宗教，如果說它是宗教的話，充其量只能算是自然的宗教；它的學說，我們可以完全歸納於哲學之內，雖然它也討論神、性命、天道，但這不過是屬於自然神學部分，是基於理性的。其所討論的神，與哲學內所討論的神，是不會有衝突的；其他如道教、印度教、佛教與回教，我們也一毫不費力的將它們的宗教教義與哲學混而爲一，宗教的傳統往往混淆不清，而任意聽憑人們做許許多多不同的解釋，宗教的權威很少能强力地製造一種正統的方式；譬如佛學，我們從一部大藏經中，可以找出無數的矛盾解釋，幾乎成了一切說法都是對的現象；在回教神學之中，也有這種現象，比如回教神秘學的展開，與其說是以宗教爲起點，到不如說以哲學爲出發站，因爲可蘭經的道德教訓是有中庸特徵的，並不能順利的相合於神秘學內所講的絕對的向往，但是我們却並不否認回教的這種神秘學，在基本上是宗教的。

在信仰基督的宗教中，除了天主教與東正教以外，神學與哲學，宗教與哲學問題，也與上面我們所說過的相彷，縱使我們不必絕對的主張宗教與哲學的關係是一而二，二而一的東西，但是我們在這些宗教的神學中，並沒有一點感覺，使我們認爲有說明神學與哲學或宗教與哲學有限界的必要，因爲在這些教派中，宗教正統思想的要求是無關重要的，只要加入它們宗敎的外形就可以了；哲學思想在這些宗教之內是有很大的自由的，基督教的自由解釋聖經，很自然的就把神學哲學化了，萊勃尼茲是很虔誠的誓反教徒，伯爾克來則是安理甘會的主教，而他們的哲學則是反基督教的，天主教內固然也有不少人，對宗教神學有自己的講法，不同於教會的正統，教會對他們的學說是拚絕而責斥的，有許多將神學哲學化的書籍也都列為禁書，站在這一點來說，我們可以粗粗的結論，只有天主教或東正教內才有名符其實的超自然神學。

天主教史上的神學與哲學　神學與哲學，在天主教中是兩門有分別的學科，在神學是什麼一節中，我們已經看出它們在意義上的分別，至於它們間彼此的關係，留待下面我們再去討論，現在我們且從宗教史（天主教史）上去研究一下，神學與哲學的關係。

在天主教初興時代，天主教的人們，並沒有哲學與神學一定要彼此相反的感覺。反之，他們還認為彼此相同，他們很自信地在談論宗教哲學，不過他們對教外人的哲學，却加以反對，認為他們是有缺陷的哲學，而不是眞正的哲學。初期的教會學者，認為天主教供獻於人類一種眞正的智慧；這是許多外教哲人，徒勞無功，尋求了很久很久，而並沒有結果的；同時這些學者，又認為這種眞正的智慧，能解決人類的一切問題，哲學只是一種解釋宇宙的智慧，天主教則對哲學家所不停設問的問題，給了一個決定而完整的解決，天主教對整個宇宙看法的大觀，使當時的教徒深信宗教哲學的偉大一致性，再加上外教哲學的凌亂無序，更加深了他們這種信心。

實際來說，這些學者們是從古代思想中獲得了滋養，他們並不自覺地，而且是很自然地引用希臘與拉丁的哲人們的學說，但他們並沒有察覺這與他們輕視教外哲學的姿態不合，他們只覺得天主教所有的天啓，使他們獲得一種嶄新的光明，這光明已經改變了一切，經過這種光明變化了的外教哲學，他們認為已經失去了它們的本來面目。

到了中古時代，情勢又為之一變，西方基督教國的誕生正與西方文明的垮臺，相逢於同一時代，後來西方又重新尋獲了古代文化，當時他們認為這一文化較自己的文化為高。從士林哲學家對古代哲人的重視，就可以看到其間的消息，中古時代的思想一共有兩個來源，這兩個來源的權威，他們認為都是不可動搖的：一個是天主教的天啓，另一個則是古代思想，當着人們在這兩者之中看到某種矛盾的時候；學者們往往費盡心力，尋找一切可能辦法，來企圖消弭它們中間的對立，關於這樣的解釋，有許多件，在今天我們看來眞好似千鈞繫於一髮，危險已極；只有在不得已的情景下，這些哲人們，才去否定古人的學說，而堅持天啓的權威。

這種情形，可以使我們看出學問是有兩個來源了，大家認爲多瑪斯的功勞，就在他建立了哲學與神學間清楚明白的分別；然而多瑪斯同時也是將亞利斯多德列爲哲學思想的官式典型的人；在他的哲學著作中，他稱亞氏爲哲學家而不名：但是亞氏在希腊哲學中，是最少宗教精神的，而在多瑪斯前一二世紀的士林哲學，則多是受了柏拉圖派的感發，柏拉圖派的哲學與宗教傳統相聯結的地方很多，亞利斯多德的在中古哲學中佔有特殊地位，正可說是哲學與宗教分開的顯例。

但是這個時候的哲學，還依然爲宗教的見解所統制，當時的思想家們，認爲哲學與宗教雖然是分開的，但是在討論問題上，他們一直認爲道德學，理性心理學與普通形上學等等都是應該歸屬於智力圈內的哲學，並且也只該討論若干抽象問題，至論宇宙的客觀與實際的問題，則應該歸之於神學。

實際上我們從天主教的歷史裡，也可以看出許多次在教義爭辯中，教會當局曾堅毅地給了教義恰切的解釋，他是以保護正道爲已任的，因之它不僅指定或譴責與啓示有關的眞理命題，並且也處理有關啓示的自然眞理，那麼很顯明的，它是給公教哲學家指定了不能逾越的界限了。

在文藝復興時期，在歐洲基督教的領域中，有一種哲學在教會的範圍以外發展着，因爲這時的歐洲已經有一半與天主教分開了，同時在天主教領域中，也有不少思想家企圖在教會的傳統哲學（士林哲學）以外，尋求哲學問題的解決，人們也漸漸習慣稱哲學是在學理上和宗教沒有關連的思想；我們說在學理上，因爲實際上每個人在思想上都不可避免的受着信仰的影響（無信仰也可以算是一種信仰，卽信無信仰）。這時候在西歐也掀了一種反宗敎制度的運動，由制度到反宗敎思想，反天主敎思想；而完成了一種與敎義一點也沒有關係的哲學。

到了十九世紀，哲學與神學的分開算是成了官式的，於是哲學歷史對於中古哲學就緘默起來，人們大都肯定：上古哲學到中古就消滅了，後來到了文藝復興時，才又重生。近世哲學的起來，哲學思想與宗敎思想已是澈底的分開了，現在哲學家已經覺悟到宗敎，哲學與神學是有分別的，但不能絕對地分開，其間的關係，我們將在下文中指陳出來。

哲學與神學的關係　我們在神學的對象一節中，曾經指出：哲學也能達到神學（啓示）所能達到某些眞理，也就是說神學與哲學的一部份眞理，彼此有相同的領域，同時在以前我們並且提到科學爲神學所使用，哲學乃是科學的一種，將那無秩序與無組織的啓示的寶庫，加以科學的硏究與整理，正是哲學爲神學服務的實證。

從這幾點中，我們看出來在神學與哲學中，是可能有一個建立關係的問題發生的。

首先，我們毫不遲疑的肯定：在用自然智力所求得的學科中，哲學乃是最高的一種學問，然而超自然的神學則是佔有一個超哲學的地位。是的，神學之所以如此，不但因爲在對象方面，神學的硏究是超自然的，就是在保證眞理的形式理由方面——神學是不能錯的言語——也是超哲學的。爲此，神學是有權利來批判哲學的。如果哲學的命題，反對啓示的眞理，或者反對神學所有合法的結論（我們特別提出「合法」二字，因爲明示的啓示道理，很多次只是犖犖大者，其間還有許多暗含的啓示眞理，包括在這些大端之中，專賴合法的結論，導而出之；如果結論不合法，則這種結論是無絕對眞理之價値的，自然也是有錯誤的），總之，如果哲學的命題與神學上的大端彼此鑿柄，則哲學的命題一定是錯誤的；因爲神學與哲學，其所研究的最後歸宿都是眞理，眞理與眞理不會彼此相反；因爲同樣的事，不會同時是眞同時又是假的，多瑪斯告訴我們說：科學與哲學所究研的是同一的眞理，同一的眞理，自然是不能自相矛盾的啊。我們還知道，神學的眞理保證，乃是神學的權威，固然在哲學裡時時告訴我們：權威的證據力量，最爲薄弱，然而這只是說的：人的權威，至論從啓示之神而來的證據力量，則是超過一切的；此外，如果在神學上，一個理論如是錯誤的，在哲學上我們也無法認爲它是眞理；這樣說來，神學對哲學可以說是有一種指導責任的，但這責任不過只是消極的，禁止哲學入於錯誤，使哲學知道有若干命題，若干主張，無論它們是明示或暗含地否認或反對啓示的眞理，都是應該在屏棄之列的。

現在我們還要進一步討論一下：信仰、神學對哲學是不是有積極影響呢？所謂積極影響，乃是說信仰或神學深入於哲學的本質，而多多少少使哲學變成帶有超自然的成分，但仍不失爲自然的一種學科：如果有過這樣的一種科學產生，或者有這樣哲學產生的可能，哲學是不是就算失了它的存在呢？

如果有過這樣的一種哲學，或者有這樣一種哲學的可能，則在這樣的哲學裡，一定要有一種特別的現象：就是這個哲學的產生，是需有若干啓示眞理的，沒有啓示的眞理，便沒有這一種哲學的存在，這也就等於承認啓示是理性的生產者，或者更好說它是哲學思想的生發者，再往清楚說：就是這種哲學在其本質上是欠着啓示之債的，但同時它也是一種哲學系統，而絲毫並不失掉它的理性的特徵。

這個問題在法國與比國的哲學界，曾有過很久的爭論，我們這裡不擬追述這段歷史與各家不同的主張，希望有一天，我們能有一篇專文寫出，現在我們只就理論上，寫出我們的答案。信仰，這裡更專指天主敎的信仰，對天主敎的信友的觀念影響頗深，哲學所受於信仰的影響，也不能爲我們所忽視；有些哲學上的大論題，像創造，神對人類的護佑，人格，關係等等，如果不是信仰與神學在哲學之先，已經有過研究，並加上一個指定的方向，在哲學上是不會接受這些重大發展的。

然而問題的焦點並不在這裡，我們需要解決的是規定這種影響的性質：這種影響，是絕不同於一種哲學加給另一派哲學的影響，它是不會改變其所影響的哲學的性質的；同時這種信仰的眞理，統括來說也不是具有哲學的特徵的；它總不自居爲哲學，而以哲學的證據來證實自己的眞理，它時時要表現出來，自己乃是超自然的啓示眞理。

我們說啓示或神學的影響哲學，是不會改變哲學的性質的，那麼很自然這種影響對哲學乃是外在的，而不觸及哲學本質，爲此，我們毫不遲疑的說它是附帶的影響。

再說得具體些：就是哲學的原則是獨立的，是不附屬於神學和信仰的，哲學的原則乃是基本的眞理，本身就有顯明性，理智是可以看得清楚的，因爲哲學的原則是自給自足的。並不引伸自神學，它是可以在自己範圍以內獨立發展的，同時兩者也不能相混，一個同時又是神學又是哲學的哲學是不可能的。

哲學不是絕緣體　我們前面說過神學是哲學的消極指導者，並沒有本質上的影響，但這並不指哲學是不受影響的，哲學是不能關在象牙之塔內的，同時哲學也不是一個自本自根的自立體；它的產生者是人，而人所受的影響則幾乎是無法勝數的：生活而長大的家庭，所受的教育，所讀的書籍，所作的工作，所遭遇的困難，所得到的順境，所有的夢想，以及所有的朋友和社會政治情況，還有個人的個性與身體，這一切的一切，對他的思想，都有實際的影響；「論人知世」；孟軻早就理會人的思想是受着許多因素影響的，我們知道了這種種事實之後，才能解釋一位哲學家爲什麼決定選擇這一個問題來討論，他對問題考察的方式，研究此一問題所犧牲的時間，在作這一個工作時的氣氛，以及他使用的語言等等；雖然哲學家也在儘量擺脫他們所受的影響，而求企公正無我，並設法只依照眞理的需要，去思想，去說話，但是他們都總不能完全擺脫他的環境，每個人多多少少都是時代環境的產物，爲此我們才可以說這是十八世紀的哲學，十九世紀的思想，這是中國哲學，這是西方學說；但是這些受時代環境所影響而產生的思想，雖然有其時代彩色，但並不失去它的哲學本色，因爲它的特徵，使它構成哲學的特質，在這裡並沒有一點變化。

信仰對哲學影響的境界　信仰對哲學的影響是很大的，這個是誰也不會否認的，特別是天主教的信仰，在過去對歐洲思想界的影響可以說是普遍的，有許多思想系統，原想不受信仰的支配，結果還一樣是狹義的受着宗教的影響。不過，這樣的影響，只是使研究哲學工作者感覺研究的難易不同，並沒有也不會改變哲學的本質，也不會改變哲學工作的性質，當然也不會取消哲學的純推理，與屬於人的特徵。因爲，受有宗教信仰影響或不受影響的人，在研究哲學的工作上，只是他們的境況不同，而工作條件：研究哲學所用的官能、方法以及所研究的對象，則是完全一樣的（卽使不承認人有理性與哲學推理特徵的人，他們運用的官能還仍然是與他人一樣的）。並且還有許多眞理，原本是由於信仰而生出的，而現在已經成了人類的公共遺產，不再有與宗教或信仰聯結的跡象了，這更足以證明信仰對哲學影響的程度，並使我們看出它們中間的分際：信仰是從外面協助哲學工作，並陳述給哲學所應該達成的目標。但是我們也應該知道某一眞理，如果我們看不到它的顯明性，或者運用理性推理的方法，也絕不能達到，那麼這一眞理的要素，一定是超自然界的：它絕不會形式地進入哲學的園地。哲學眞理的要素乃是屬於自然界的，其結論與其前題的推理是相聯的。比如我們說人魂不死，這個句子，只有我們用純理性推論證明以後，才能成爲哲學的眞理，如其不然，則它絕不會是屬於哲學的。這樣說來信仰對於哲學卽使積極的指導，而這指導還依舊是在哲學之先與哲學之外的。

神學無傷於哲學　神學，信仰既然對哲學有指導的責任與權利，那麼當然是高高在上，把哲學當作它的奴役，歐洲中古時代所最流行的：哲學是神學的女僕（Philosophia ancilla theologiae）一語，就是明證；但是另方面，我們知道並承認在人類用理智所研究的學科中，哲學乃是最高的，同時哲學在定義上來說，它是研究事物的最後原因的，那末自然也是極權的了。「天無二日」，「世界上沒有兩個第一」。神學有指導哲學的責任——無論其為積極的或消極的——，這等於說哲學屈居於神學之下，而喪失了它的第一性，同時也喪失了它的極權性，那末，神學自然是有害於哲學了。

這種疑難乃是似是而非的，我們不願多作解答，只舉出幾個解決的因素就夠了。

哲學是最高的，同時也是極權的，但這只是在自然界內；它只是滙合人類活動的最高規律的研究，其所尋求研討的理由是最後的也是絕對的，但這也只是在自然界內。若干哲學結論，只要是真理，即使人被提到超自然界，它們仍然是有價值的，因為超自然界並不摧殘，反對或否認自然界，自然界所有的事理，只要是真的，在超自然界來說，也不會是錯誤的。哲學上真的結論永常是真的，其所有與其所獲致的真理，也永遠是絕對的。

但是人類理性活動的範圍是有限的，哲學也不能解決一切問題，也不能提出一切問題，同時哲學也能自己知道自己的限界：它雖然可以達到最高原理，但它也能劃出或劃定自己所不能達成的奧秘的限界。哲學在自然界是最高無上的學科，它能對自己的原則加以批判的考察，也能保護自己的原則（普通來說，自然科學則不能批判自己的原則，因為這種批判已超過經驗範圍。哲學呢，它不但可以批判並且還可以保護自然科學的原則，神學則不用批判保護哲學原則）；哲學又能知道自己的相對不足，這相對的不足，就是哲學不能研究超越它的實在性。譬如人能用理性方法（即哲學推理）證明天主是萬物的相當而充足的原因（

即只有天主才能創造萬物）。同樣它也可以證明天主（神）該是無限的，遠遠超越人類理智所能瞭解的限度，這就是說，我們的理智絕對不能完全瞭解天主的一切。此外哲學還能證明靈魂不死的眞理，但是由於人類的感覺知識作祟，對靈魂與生命（現在人的生命）分開之後的生活狀態，也是很難確知的。

哲學在爲自己劃了界限以後，它給超越的啓示留下了地盤。但對這超越的啓示，哲學從其自身一面是不能孕育積極可能性的。因爲超自然在定義上就完全超越了自然界，哲學則只是在自然界中嶄露頭角，也可說它不是自爲封疆，關閉了超自然的大門，它正可以算是開敞的。哲學是不排拒超自然界的，但是，它也沒有一點感覺：認爲必需積極的將超自然界引到自然界來，作自然界的一個合法的要素，作自然界哲學的一個標準因子。

哲學神學相互服務　哲學從它能爲神學服務而又保留自己的一切價值來說，可以使我們看出哲學工作的決定性與絕對性。實在，哲學對神學乃是很有用的，神學是確定啓示的與件的，在確定啓示時，它便指出啓示的與件暗含地含有哲學的預定。這是說，在哲學已經具有作爲啓示產生的前題了；實在說如果天主不存在，靈魂不存在，沒有意志的自由等哲學上的預定前題，啓示便無從說它是眞正的，也沒有可能說它是眞實的了。換句話說，就是哲學就其自身來說，應該在神學之前有若干基本的自然界眞理（哲學是屬於自然界的），作爲信仰的前奏，神學是信仰之學，在有神學之前，先要假定這些自然界的哲學上的認識。此外，我們知道，啓示並不是有系統的，也不是有邏輯性地組織的，爲了建立系統，說明組織，並爲了適應人類精神的脆弱，只能用「類比」來瞭解天主的事理；那麼神學時時刻刻需要運用哲學的命題與結論，運用它們到啓示的眞理上去，精確的說明啓示的眞理，並發展它的結論，而構成一個有系統的綜合。如果就哲學爲神學的工具來說，哲學也可以爲神學建立起作神學根基的眞理，並且使神學成爲可瞭解的，這是說哲學借給或供獻給神學應用的語句，並可以代神學攻擊，駁倒反對信仰的敵人。

神學對於哲學，我們前面已經說過，是有着消極指導責任的，這一責任可以使哲學避免許多錯誤，使哲學更容易尋獲眞理，並使哲學容易發現沒有神學便可能忽視的眞理，關於自然的學說，人格的發現，關係的意義等，如果沒有啓示，哲學是很難發現這些眞理的，其次是使某些學理成爲更完善的，如同對愛人，社會正義，以及習慣的學說，就是顯例。是的，啓示的眞理，雖然只是神學上的討論，爲哲學所不能知，但是對於使哲學更恰切的確定在自己範圍以內的眞理，也是極有用的。比如對於天主意義的恰切指定，有了啓示的眞理以後，就較前更容易便當了。

最後，我們再肯定一次，哲學與神學在根本上是有分別的，但分別並不一定要分開，也不一定要彼此相反，理性與信仰是可以和諧的，神學與哲學在人類知識的等級上也是和諧的，並且彼此組成一個有階層的體制，神學是站在哲學上面的。哲學雖是有相對的不足性，但並不害於它的絕對性。神學並不減損哲學在自然界的完全價值，反之，它還爲哲學推定這些價值呢。

第四章　哲學的定義

本質定義的意義　爲了結束本編，也爲了使我們瞭解哲學的本質是什麼，這裡我們要給大家寫出一個哲學上本質的定義。

所謂本質的定義，顧名思義是該敘述所要定義之事物的本質，每一個事物的本質定義應該與該事物的本質嚴格的平行與互換，爲作成本質的定義，一定該有最近的種目與類別，而種目與類別是非有物質與形式不可的；形式與物質在自立體來說，是不成問題的；然而對附加體來講，則要困難重重了；因爲附加體不是獨立的東西，必須依附在自立體身上，是沒有所謂物質與形式的。哲學正是這樣的東西，嚴格說起來，它是沒有本質定義的，但是如果只有自立體才有本質的定義，則世間事物可作定義的太少了；我們知道一切學科，都不是自立體，那麼便沒有定義的可能了，這是不可以的，爲此學者們又製造了附加體本質的定義一辭，而稱這樣的定義爲似本質的定義；並製成似種目與似類別等名辭，來構成定義；這種似種目則是一事與他事相同之點，而似類別，則是一事所有的專有之點。用在哲學上，這樣的定義便是說明哲學所有的特性，以及和其他學科分歧之點。然而似本質的「似」字，因爲使人們感到生疏與彆拗，去掉它也並無不可，且是更便利，爲此我們直稱哲學定義爲本質的定義。

本來關於哲學的似種目與類別，我們也應作一番探討，但是在前三章關於似種目，已經討論了不少（各種知識與科學皆爲哲學的似種目），關於哲學的特殊觀點—即似類別。下面我們就要予以指出，這裡我們不必先作研究與探討了。

定義的特點　關於定義的普通規則有三：第一是必需較原名詞或原事物更清楚，不然定義就失掉了意義；其次是原被定義的事物與名詞不可進入定義之內；第三是不可用否定句來作成定義。這個本應在邏輯學內詳盡說明，不過在這裡，爲了使讀者曉得我們對哲學定義的態度，所以才簡單的指點出來。此外，我們也要知道，在哲學概論內所給哲學的定義，並不是爲專門人士，對哲學有高深修養的人寫的，我們乃是爲大家說的，爲此我們所下的定義一定要使大家容易瞭解，那麼我們所取爲製定定義的標準，自應是爲多數的人，並且這定義也要是無論何時何地，都適宜於哲學定義的。那麼在這定義內，我們自然不提出如何學習與瞭解哲學，也不去討論各派的眞僞，以及抄出古今諸家的說法，我們只是着重在指出各家不同中之相同的特性而已。

哲學的定義　從哲學史去看，哲學的定義是很多的，因人而異，但是其間也有一基本相同之點；這基本相同之點，我們可以說它是哲學的本質；在寫出這基本之點以先，我們願意寫出兩個較爲普遍的定義，一個是歐洲中古時代遺留下來的定義。原文是：哲學是一種用人類理性可認識的一切事物的科學，用人類自然的光明（卽理性），研究事物的最後原因或理由。再一個定義則是：哲學是有關萬物全體的觀念的整體，是一個有關萬物全體的整個解釋的理智系統。這兩個定義好是很好的，但是並不足以完全概括哲學的基本本質；於是我們認爲下面的定義，更爲完整：哲學是用方法獲致的自然知識的總和，在獲得之後，並予以整理與排列，設法供給一切事物基本最後的解釋。

哲學是有方法之學：哲學是產生於方法的一種知識，因爲有方法，它才將所獲得的知識的總和，歸納成一個有系統的秩序，而構成一種具有眞正科學特徵的科學（廣義的科學，就是求原因的科學；並不如現行意義的實驗或經驗科學也）。在這一點上，哲學是與神學，數學，實驗科學相似的，而與那無系統組織的常識則是有分別的。

哲學是用方法獲得的自然知識，那麼這種知識並不是漫無標準，而不令自己信服的知識了；它應該是正確的，合乎方法的，邏輯的。那麼哲學的知識自然是不該奠基在人類常識的權威上的。因爲人類的常識，大多是人們認爲就是這樣，不見得是用方法去獲致的，也更沒有組織嚴密的系統。但是在那些本身卽甚明顯的最初原則上，哲學則可說是取自常識的；然而這種取自常識的方法，如前所說，並不是因爲常識的權威，而乃是由這些原則的絕對而唯一的顯明性的權威。對於這些最初原則的知識，我們可以說哲學是較常識爲高的，因爲哲學對這些原則認識的狀態是完美的，是科學的；而常識則是在不完美的並且還是在科學之先的狀態上的。不過在哲學的學說上，如果有明顯反對常識的地方，而這常識的眞理又是極確實的，在這種場合上，常識也可批判哲學，而在哲學論題的辯駁內，是可以用反對「正確的常識」的理由作為證據的。不過我們也要明白如果只有這樣的證據，乃是不夠充足的。

哲學是自然知識的總和　自然的知識，就是運用自然的官能所獲得或能獲得的知識，哲學的領域與限界只是在自然界中，接觸的是一切現在過去未來可知的知識，而並不逸出自然界以外。就這一點來說，它與超自然的神學是有分別的。超自然的神學，認識的是超自然的眞理，其基礎是建築在信仰與啓示上的。

哲學是自然知識的總和，這句話，在哲學本質的定義上，是在佔着似種目的地位的，也就是說這乃是哲學的物質對象（所謂物質對象卽一切落入哲學轄權之內者），如果只就自然知識來說，哲學與其他科學的物質對象是有相同之點的。然而如果說是總和，卽是概括一切事物，毫無例外，因之又與其他特殊科學不同了。在今天，世間的科學，眞可以說是愈分愈細，每一種科學都成了部分的科學，都成了知識的一支，而分成不可休止的一支再一支。每一種科學，只是研究指定對象的某一部分，而排除其他。在這種情形下，我們的思想內，幾乎都認為需要有一種科學，將人類知識，包括在一起，在事實上也不能避免有此種科學的發生，近代哲學家邁爾謝（Desid. Mercier）說：「哲學不像其他科學一樣，稱自己是一個與其他特殊科學地位相等的科學，自己為自己劃出一個窄狹的地盤，來作自己的研究；哲學是在科學之後而又在科學之上的，它對科學有關的對象，只是從事最後形態的研究，並探討科學的聯系以及這種聯繫的關係，而直到最後的單純觀念。因而哲學是蔑視分析，並設法達成最普遍的觀念，在它的適用上，不再有界限」。根據邁氏的這一段話，我們可以推出如果沒有普遍眞理的取得或基本的領會，便沒有特殊的科學。眞正特殊科學的存在，無疑的要肯定一種非特殊科學的存在的，這就是哲學。哲學不但是研究自然界所有的一切萬物，卽是能有的東西，舉凡一切可知者，也無不包括在內；它研究的是萬物的整體，為此，我們也稱哲學爲全稱的，普遍的。但是我們需知道，這種全稱而普遍的科學，其眞正意義，並不是說它要吞併一切科學，也不是說一切科學只是它的部分而已。不，哲學的本質與對象是和其他科學是有分別的，尤其在哲學的形式對象上，我們更可以看出它們彼此間的分別來。

哲學的形式對象　所謂形式對象，就是對物質對象的特殊觀點，哲學與科學，彼此可以有多多少少相同的物質對象，或至少能有一部分的相同，就是它們研究的乃是同樣的事物；但它們間的眞正分別，則是在乎有一種特別的限定，藉着這樣的限定，它們接近並研究它們所要研究的事物；也就是說科學是要由個人首先地研究它們要研究的事，在它們的理由下認識其餘的一切，再清楚說一點，各種科學，皆各自用一特殊的形式研究事物，各自在自己的角度下研究事物；在哲學內，研究事物的特殊觀點，也就是形式對象，乃是謀求或設法尋求供給萬物的最初基本解釋。

關於這最初基本的解釋，本來只說基本或基礎的解釋就夠了，因爲基本或基礎二字已有最初的意義，不過我們爲了更清楚及在教育上更方便起見，才加上了最初二字，希望大家不要認爲是畫蛇添足。此外，基本的解釋，有許多哲學家又稱之爲最初原因，或實物的最高原則或最後理由，但是在哲學概論內，總不如說基本的解釋更爲妥貼，並且最後理由一辭，還能將其他等於哲學的研究，排拒到哲學圈外哩！

謀求與解釋的意義　我們在哲學的形式對象的說明內，用了「謀求」或「設法謀求」等字眼，也是有特別用意的。我們這樣說，是有意指出：我們並不是認爲或主張一切哲學家都獲得了這種基本的解釋，也不是說他們已經發現了這種解釋。我們知道對於這種問題的審核，也是屬於哲學研究本身的，人們不能合法地預先審斷哲學上的解決，在哲學概論內，人們本來也不該斷定或說出誰對誰錯的。但是人們卻可以立刻肯定，在謀求事物基本的解釋一面，只要提出了關係事物的基本解釋的問題，只要去作探討，研究與考察，不管他們研究的結局是消極的或積極的，他們都算進入哲學的園地，也就算是研究哲學了。為此，在普遍地討論哲學的定義中，我們認為說出：「謀求」或「設法謀求」供給事物的基本解釋一語，比較說已經供給了基本的解釋是更為恰切正確的：固然哲學的目的是達成這種解釋，然而在等待完成這一解釋時，只要它研究，設法，趨向這個方向，那就算是研究哲學的。

至論解釋一字，顧名思義，我們知道它的指意是：尋求光明（一種事物有了解釋，對於我們的精神來說，等於是一種光明），也等於尋求滿足人類精神的一種說明。我們在研究哲學之先—這種研究也屬於哲學本身—是不能且不應該指出這種解釋究當何在的。在哲學的大概(或普通)定義中，我們也不願肯定：哲學的解釋必需存在於理由之中，也就是我們不該說哲學解釋，必需是有理由的，只有人的理性才完全瞭解它們。如果我們將一切的哲學工作，都給它們加上必要尋找理由，或尋找有理並合理的解釋，不然便不算哲學的話，那麼其結果，我們這樣作不但是等於聲明一切無理主義的學說都是假的，並且也等於將他們排拒於哲學圈外，而不屬於哲學了。但是事實上不可否認的，許多主張無理主義者，人們也稱他們是哲學家。為此，如同我們前面所說，我們的哲學定義，是該包括各種趨勢的作家們的作品特徵的共同因素（無論是唯理或無理主義者，單元或多元論者，唯物或唯靈論者，相對論、主觀論、唯心論、懷疑論、經驗論，或唯我論者等等，是皆有其共同因素的），只要人們可以稱他們是名符其實的哲學家，他們的作品，不管其在哲學真理上的價值如何，只要在哲學的特殊觀點之下，可以證實它們與人類其他一切學科的作品有分別，並含有最後解釋的意味，他們的作品便算是哲學作品，他們的工作便算哲學工作，在哲學定義裡對它也該予以含攝。

基本解釋與特殊科學　基本的解釋又可稱之為哲學的解釋，這一解釋所最先需要者，乃是能完全地證實自己，爲此哲學是應該由自己來證實自己，就連對自己的基礎的證實，也沒有一毫的例外。它不能停止或依據（最後的）在一個待證上，它也不能把一個尙在要求證據來支持自己的原則，作爲最後的基礎或原則。它必定在本身一面，由於個人本有的價値，整個的佔有自己。

這樣說來，哲學的形式原則，在其本質上乃是獨立的，自給自足的，爲此哲學的自身是有權利與義務，來作對自己的批判研究，來對自己的固有原則，對自己的方法以及效果，作完整地批判研究，而不受任何其他學科的支配與批判。

哲學的解釋是基本的，是最後的，而特殊科學的解釋則是更近的，是初步的，自己是不能證明自己的基礎的，它們的基礎乃是待證，乃是需要另個原則支持的原則，而這原則就是哲學，這裡我們且約略地將基本解釋的哲學與特殊哲學的關係敍述一下。

特殊科學是獨立的，有自己的方法，在自己的園地內獲得眞理，然而它也能發生錯誤，雖然它自己能推出自己的錯誤，發見自己的錯誤，然而更高的科學自然也能判斷它的錯誤，哲學是比科學更高的，它有權利判斷其他人類一切科學的命題與自己的眞理相合與否。此外我們也知道科學的原則，在其基本的根據上，是依據在哲學原則上，並且可以由哲學來證明，如此，我們也可以說科學原則的基本是在哲學原則之下的；那末很自然的，一個科學的原則，如果在另一個科學的原則之下，這個更高科學的原則，對於這較低的科學的原則，是負着指導責任的，那麼我們自然可以說，在人類知識中據有最高原則的哲學，是可以指導科學的。

最後我們還要指出，如果一種科學，它對於自己的種種證明，是起自某幾個原則或與件，而這原則或與件又不是這一科學的自身所能陳明並保護的；那麼保護這種原則或與件的責任，在人類的科學中，除去了最高者外，它們的種種證明，都是以某些它們所不能陳明並保護的原則或與件為基礎的：譬如數學，雖然是研究量的科學，但它並不去追求什麼是量，數，或伸張；物理學也不說什麼是物質。如果有人否認感覺世界的存在，或者有人拒絕兩個相等的數量與第三個相等，則彼此間相等的理論，或者有人主張四積體，物理學與數學，對於這些是沒有辦法回答，也沒有辦法證明這些主張是對與不對的，因為物理學與數學的最後基礎，就是這些原則或與件。它們自己既然沒有辦法保護自己，那麼保護它們的，自該是那告訴我們什麼是量，數或物質的哲學了。

哲學與科學的分別　從前面所說的種種，已可以經看出哲學與特殊科學的分別了。但那些分別還不是最精確的，其精確的分別是該在於哲學與科學的形式內，就是要從哲學之所以為哲學和科學之所以為科學的園地內去找尋，探討它們的分別，如其不然，我們前面所說的科學與哲學的分別，很可能是不會成立的。

哲學與科學在性質上就是有分別的，哲學原則不是經驗的，而是超經驗的。這些原則，我們不能在經驗科學所獲得的原則或學說內求得，因為經驗與超經驗之間是有一道鴻溝，在基本上是不能互為歸納的。超經驗的原因乃是不能納入自然科學之中的，所謂超經驗的，就是超出經驗的範圍的關係，和經驗與件沒有相同的要素。

哲學與數學在形式的理由上也有不可忽視的分別：數學只研究量；它在度量的觀點上是抽象的，也就是我們前面所說的，數學的抽象－第二級的抽象。數學的研究並沒有汲盡了實物界的一切與件，也沒有理會實物界的一切條件，它對實物界是不供給完全而充足的根本解釋的。實在，我們曉得實物並不只是量，量是不足以概括實物的，儘管近代的物理學，都是以量為主，然而質以及物質的其他功能，並不是量所能整個併吞的，何況實物的自立體，又更非稱為附加體的量所能代表呢？

哲學不但因為是超經驗的，所以不同於特殊科學，並且還因為它的理由或原則該是完全根本的，自我證實的，並且也能供給科學的假定(原則，或待證)以根本上充足的解釋與證實的種種理由，才與特殊科學是有分別的，這些都是科學思想與範圍以外的東西，不在特殊科學之內，則彼此的分別，是顯然可見了。

就哲學方法與哲學概論的性質來說，關於哲學理由或原則的範圍問題，我們只能用定理或待證來答覆，這乃是不合於哲學的，因為如同我們上面說過的，哲學的原則應是自本的，自我證實的；但是要這樣，則哲學概論已經不是概論，而是各部門哲學的精義了。既然這種用定理或待證的答覆是不合於哲學的，那麼很自然的，這些答案除非是經過了深刻而澈底的批判後，是不能堅強確定地成立的，但是提出並研究這些問題，則是歸於哲學的，並且只是歸於哲學的。

在還沒有作過這種批判的時候，我們是不能堅持某一事件的基本原則或理由，是已經為人尋獲而屬於人權力之下了。但是因為提出或成立這些問題是當然的事，那麼很自然地也應有一種推理的學科，用方法來考研這問題，並試圖予以解決。無論這種解決的結果，是積極的或是消極的、哲學一科都是一樣必要的：即使企圖證明哲學是無結果的，它所提出的問題也不能得到任何解決，說乾脆一點，就是設法打倒或推翻哲學，這也是研究哲學。亞利斯多德說得很好：「您說該研究哲學嗎？那麼您就該作研究哲學的工夫。您說不該研究哲學嗎？您還是該研究哲學，以便證明不該研究哲學(或哲學的不存在)。總之，您是必要該研究哲學的」。總之，我們也可以說，無論在任何場合下，哲學都存在的，您都是在研究它的。

最後原因與近原因　普通最流行的說法，大家都認為哲學是以最後原因作為形式對象的，而科學們的形式對象，人們則說它是尋求近原因，我們舉一個例證：譬如哲學與科學同以人為它研究的對象，即哲學與科學同拿人來作它的物質對象，在這一點上，哲學與科學是相同的，然而它們的形式對象則大有分別了。解剖學與醫學是在研究人的骨骼脈絡，神經血液的組織與分析，是在追求病症的原因，而哲學則是在研究人是不是有與動物有分別的理解力，是不是有靈魂，有永生等，再進一層則是特殊科學在研究我們的感覺所接觸的現象的原因，而哲學則是在這些以上，求事物的最後原因。這絕不是我們的感覺所能知道的。

我們需要注意，在我們這本哲學概論內，如果一個屬於哲學的解釋不是在因果律的領域之內，我們是絕對無權提出這個問題當作定理或待證的。

此外關於最後原因與近原因的關係，我們也不可加給它們一個令人顯然不能接受的解釋，比如有的人假定近原因與最後原因，不過是一丘之貉，是相同性質的，至多不過是等級的不同而已。同時他們這樣的主張—並不是我們附會—很自然要認爲因着特殊科學的日漸發展，近原因要逐日的伸張它們的地盤或領域，而在侵略着最後原因，終至於將最後原因的領域與名詞，完全取消。那麼，這樣說，哲學一科也不過只成爲知識的一個臨時階段。如同孔德所說的知識的三個時代，科學應該早日的代替哲學，但是如同我們前面已經看過多次的論證，我們知道事實並不是如此的。哲學乃是一個具有固有而決定性價值的學科，它的形式對象是不能與科學的形式對象互相合併的。

在我們承認了科學與哲學在形式的對象是有性質上的分別以後，那麼這個「近」字或「最後」二字的形容詞，就可以順理成章地應用到科學理由或哲學理由的境界之內了。雖然在瞭解上還不無困難，但是已經成爲可以瞭解的事件了，現在我們再加以較多而更清楚的解釋：說近原因是科學的理由或動機，這並不是說科學的理由是更容接近與瞭解的。哲學不是一件容易事，然而科學又何嘗容易，即令是容易的，也並不能說它是因爲研究近原因的原故。

從上面所說，我們可以看出來，近原因與最後原因是對立的，如果應用到實在性或實物上，就雙方研究所得的效果上，近原因比起遠原因（最後原因）來，可以說是更近的。但是有的哲學家們承認造物者天主的存在乃是一切事物的整個原因，因之也成了直接原因，同時他們又稱天主的存在爲萬物的最後理由，這其間並不是矛盾的。

談到這裡，我們覺得有一個問題應該提出討論一下，就是近原因和最後原因應用到我們的知識境界上，是不是可以說：科學的近原因之所以稱爲近者，乃是因爲我們首先瞭解或達成這些原因或理由的緣故，由此更上知識的一層樓，就走上了哲學的理由的境界呢？我們在這裡要作一下簡單的檢討。

第一：我們認爲研究近原因的科學與研究最後原因的哲學的關係，不是也不應該解釋爲：必需把科學的一切學科都研究完畢以後，人們才能够研究哲學。因爲若是這樣，我們對哲學的研究，將是沒有辦法開始了。這樣說來，在研究哲學的工作上，我們不必認定必需在研究科學上有了決定的功效以後，才能有眞正的效力，這是很自然的事。那麼哲學的工作，自然不是必要的構成人類精神工作的最後階段，因爲哲學工作總不能解除科學的研究，兩種工作都是不能彼此代替的。卽使哲學工作已成就到完全找到了最後眞理，而到了止於至善的階段，科學研究還是時時刻刻要繼續的。

其次、哲學的一切研究工作，爲了使自己堅定，應該依據着由科學路子所獲得的結果，那麼是不是可以說哲學工作就本身方面來講，乃是後於這些效果的獲得呢？這是一個很難解決的問題，我們不能先天的肯定，解決這種哲學與科學關係的問題，是非對哲學中心問題加以研究不可的，在哲學概論中，我們是不能多加討論的。

在這裡我們對這艱深的問題，僅僅能說：哲學是研究自然基本的原則，此外我們並應該注意關於哲學的研究，其答案就本身來說，應該是完全證實的，應該是自足的。無疑的，它也能構成一個根本充足的解釋，在這種意義下，我們說哲學或哲學的研究工作是最後的。而科學的原則的最後解釋，一定要由哲學來給它證實，因爲科學的最後依據是待證，是假設，是不能自我證明的。並且哲學工作是不能與非其本有的方法相互倂而合一的。

就哲學工作的答案是完全證實的，自足的，構成根本充足解釋的特性來說，我們可以說科學上的眞理命題是可以加富哲學的材料，但哲學並不一定要利用或應該利用這些命題，來建立自己的結論（可以用它們來加强自己的結論力量），惟其如此，我們才可以說縱使在哲學的敘述內，有時發現了科學上錯誤，而也並不影响哲學的眞理。

但是這樣說，我們却不能認爲哲學與特殊科學既是有分別的，那麼它便須與科學分開，而自己兀然的自立着，不，哲學是指導的學科，它對科學是要發生影響的，而科學也能影響哲學，並能導致它的進步，詳情我們且準備專篇來討論吧。

第二編　哲學問題的探索

宇宙之大，萬物之衆，生存與死亡的諸般秘密與神奇，在在都足以引起我們的驚奇和欣賞，因而要進一步地對這些事理加以研究探索，用以滿足我們的好奇心和求知慾。哲學起原的正當解釋，除去了這一肯定之外，可以說沒有更恰切的說法了。古人說：「哲學是驚奇的長女」，正是我們這種說法的最好的詮釋。至論晚近實用或功利主義所說的哲學起於功用或實用，這決不是正確的論調。因爲哲學研究的問題，是客觀與思辨的眞理，它所追求的解釋，是宇宙的最後說明，並不是以實用與功用爲目的的。並且我們知道注意或注重實用的結果，乃是技術的發明，應用科學的進展，絕不是理論的建設，與眞理的發揮；即令哲學有時注意或者並不忽視實用，但那並不是第一義的，至多不過是第二義的罷了。何況哲學的整個領域，其廣袤等於整個宇宙，甚或我們該說大於宇宙，因爲哲學在宇宙以外，還注意宇宙根源—神的問題，這都不是實用二字的所能解決的，更不用說代表哲學了。在第二編內，我們要設法將哲學的全景，勾畫出來，扼要的將它整個的領域，供出一幅全圖，提出在哲學領域內所應研究並已經研究的種種重大問題。此外，我們還要將各方面對這些問題研究的大概情形，指點出來，加以簡略的論述。

關於哲學問題，在哲學概論內，我們只能簡單而迅速的瀏覽一下，並且也不嚴格的依照在哲學研究內所有的順序，因爲我們還沒進入哲學的大門，還不能預先規定應走的步驟與路線，需要有哲學理由的自我證實以後，才能指出哲學問題所有的順序，如果在踏進門限以前，便自立宗派，自畫路線，然後再順定這個路線來提出哲學問題，這不免冒犯了哲學上所謂的強取論點（Petitio Principii），我們這裡是順着自然的里程，對哲學上最重要的問題，也可說是關於各科哲學生存與死亡的問題，同時也可說是最平凡而又不能不遇上的問題，提出來加以哲學上的思索，並加以簡單的解決，本來依照哲學概論的嚴格方法，這是不容許的，但是爲了教育上的理由，我們又不得不作這樣寫法的決定，過去無論中外，許多寫哲學概論的作者們，大都沒有注意到這一點，有的人寫哲學概論，在其中所討論的各點，幾乎比任何專論哲學的專題研究還深，有的人則只是提出問題而不予解答，依照哲學概論的方法，後者的作法是無可厚非的，然而爲了教學的需要，以及使初學者不感到茫然不知所措—這是很重要的—則後者的作法，又似乎失之墨守了。

此外，我們還需要知道，在每個人進行研究哲學，而作起哲學工作時，他的精神與理性已經不是素材，不是如亞利斯多德與多瑪斯以及經驗論者所說的：白板(Tabula rasa)階段了：是的，人類的精神與理智，從好多年來就開始工作了，他吸收並同化了家庭，社會與宗教許許多多傳統的內容，他也很長時期的接受了從各方面而來的教育，他已經有了不少經過個人反省而獲得的經驗與效果，是的，人們在開始研究哲學之前，已經佔有豐富而繁多的知識寶庫了。

但是現在呢，他開始的是一個嶄新的工作，他要作的是一個方法謹嚴的工作！他所研究的已經不再是散漫無章的普通技術與知識，而是一個研究萬有的最後與最高原則的工作，一定要排除成見，採取嚴格的無我態度，不顧功利問題，而只注意眞理的本身，並要有坦白的誠懇，屏除一切的待證與假設，獨立的，接受一切與件，並使它們接受哲學的考察。

第五章　知識問題

誰都知道充盈天地之間的，莫不是事物，然而我們如何能接近它們並以它們爲事物呢？我們無疑的要說是看見，聽見或覺到它們，總結一句就是用官能來認識它們！在認識事物的過程中，不免有問題的提出並企圖解決，提出並解決的辦法就是運用我們的認識，認識是動字，成爲名詞時，我們就稱它是知識，那麼很自然地我們可以看出來，研究知識的種種問題，應該是一件最先作的工作，而且還是有最高重要性的；因爲哲學的一切問題，以及對問題的解決，其有效與否，完全要看我們對知識的態度如何而定，如果對於知識的價值與範圍—也就是知識的自身，不先研究並建設起眞正的命題來，那麼我們如何能夠有效的或有意義的提出問題，並認爲可以解決與否呢？爲此我們在哲學問題探索之先或之中，一定該先從知識問題研究開始。

知識的狀態　我們只要對人類的知識內容，稍微多加一下注意，立刻我們就可以發現有許多絕不相同的狀態：首先我們發見的，是人的意識這一與件：它是具有醒的狀態，和夢的狀態的分際的，這兩種狀態，不祗互相有分別並且互相成爲對立；在知識的構成因素中，一方面有外在宇宙的事物，另方面又有我們個人生命的意識；有觀察的事實，也有推理的釀成，這些並不祗是有分別而且也是相對立的；雖然它們並不是同質的，並且它們的價值也不相等，但是它們却都是知識的對象，因之，在這裡自然要有問題提出來：在這不同的場合內，我們確切地達到什麼呢？也就是我們能確切地認識什麼呢？

關於這樣的問題，最初我們都想尋獲容易的答案；本來睜開眼睛就是爲看，應用聽覺乃是爲聽，看後、聽後，當然要運用精神，作作反省，這是很簡單的；可是這樣簡單的事，如果加以深思，立刻就會發見所謂知識，並不是如此單純，關於裁定知識的種種困難問題，很快地就會應運而起。試想，我們看見聽見的時候，是不是眞的看見，聽見，是不是沒有受騙，是不是我們能够十足的自信，並沒有陷溺在錯誤中呢？我們怎麼樣才能避免了這些危險，而不作幻想與錯誤的犧牲品呢？我們是不是有能力說出或寫出一個命題：這命題是決定性的，不可改變的，同時我們也看出來，它又是具有無條件的價值呢？也就是說我們是不是能認識眞理與自知確實認識了眞理呢？

懷疑論的論調　對於以上種種問題，我們首先要聲明，我們所說的懷疑論，並不是說卽有正當理由也不該對任何知識或認識有所懷疑；第二、我們這裡所說的懷疑論，只是知識論上的懷疑論，並不是對客觀物體的——卽本體論上的——懷疑論，所謂懷疑論者，是已經成了一種主義，一種對知識上的學說，從歷史與字源去講，懷疑論，希臘文爲：Skeptikoi 其指意爲尋求眞理。這種學說、在最初的時候，承認人類就學理上講，是可以瞭解並達到眞理的；然而在事實上，却沒有一個人瞭解並尋獲了眞理，爲此，我們應該常嘗去尋找它們。然而到後來，意義爲之一變「成了我們無論如何，不能獲得絕對眞理與確實的一種學說」，又下分爲普遍的懷疑論，認爲人們連或然的知識都不能有，其次是部分的懷疑論，認爲我們最多只能有一個超不出嚴肅的或然性的肯定知識。

他們的證據是這樣：㈠我們的認識官能很多次欺騙我們，經驗曾經告訴我們這個肯定是眞實無妄的：我們以爲是看見的，但是在實際上，我們並沒有看見，我們以爲聽到的，其實我們並沒有聽到。逐如此類的事太多了，那麼我們如何能信賴我們的認識官能呢？㈡我們的理智很可能爲某個惡神所欺哄，他願意我們時時陷入錯誤之中。㈢懷疑論最認爲顚撲不破的證據是：如果我們願意對某物的判斷是準確的，那我們必定需要一個根據，來作這樣的斷定；然而如果要這一根據是正確無誤的，它又需要一個根據，而此根據又另需要根據，如此下去，假定不是推到無窮的話，那麼一定需要根據互爲循環，這兩樣都是不能成立的，因之我們是不可能有眞理與確實的認識的。

關於懷疑論的批判，這裡我們只能簡單扼要的提出幾點。我們先說一說一般批評，然後再分別討論：

懷疑論者在知識論裡走的是一個極端，這是一個不可支持的論斷。因爲，懷疑論是自相矛盾的，他們主張我們懷疑一切：懷疑我們所提出的問題，懷疑我們加入的一切研究運動，但是對於這個懷疑，我們則知道是一定的，是無可懷疑的，我們自覺我們是在作這種研究工作，我們在其間可以規定我們的注意，製造我們的研究對象，那麼很自然的是我們在懷疑、在研究、這正是說出了肯定，說出了一定、絕對、準確的而不懷疑的命題、如果我懷疑，這自然是肯定我對這懷疑是不懷疑的，認爲它是準確的，——但是懷疑論在這裡忽然將懷疑安置到絕對上，安置在準確而不懷疑上，這不是沒有意義與自我破壞的嗎？所以懷疑不能是普遍的，整個的。

現在我們要分別來答覆懷疑論所舉出的三個證據：㈠我們的認識官能，如果運用得法，它是不會錯誤的。我們的錯誤，往往是因爲我們操之太切，沒有發見了顯明性就下判斷。或者我們的官能不用在它本有的對象上，有時候則是由於我們的官能有缺欠，或者條件不足，色盲的人來判斷顏色，耳聾的人來判斷音聲，或是以視覺來判斷滋味，這並不是我們的官能錯誤，而乃是我們錯用了認識官能；並且懷疑論者只說我們的認識官能有時欺騙我們，不錯，但有時並不是常常，從有時（多次）到時時（到次次，到常態），其間還有很大的距離，絕不能越級而升，以一概全，而結論成一個普遍的定律。除非是我們總遠找不到分別眞僞的標準。我們才能認爲人類不能認識眞理，（就是這樣，我們還是消極的承認眞理。）然而懷疑論者，並沒有給我們提供證據，證明沒有分別眞僞的標準。㈡假定有惡神騙哄我們的說法，也是不可靠的；因爲說假定或可能，並不是一定或必定，假定有與假定沒有，可能有與可能沒有，其力量是一樣的，都不能說是必定的，絕對的，是的，假定不是一定，可能也不是準確。懷疑論者說：可能是，我們也可以說或者可能不是，這樣的結論是沒有準確與一定的價值的。並且這種說法，也與我們的常識相反。經驗告訴我們：變之中有不變者在，變之中也有規律，一切都有理由可循，不可能有惡神的哄騙，並且我們要質問懷疑論者：神騙我們的事，有誰知道？又如何知道？㈢知識與判斷是需要根據的，不錯，但並不是一切知識與判斷都需要根據，更不需要彼此互證；有一些眞理的判斷，在本身一面就是明顯的，用不到任何根據與證明，在它們的主辭與賓格間的關聯，以及看見這種關聯的客觀理由，乃是一個而同樣的行爲。如此：矛盾定律，我現在存在，我的理性能認識眞理等等，都是本身明顯，用不着其他根據的眞理，也用不到連環證明。

總之，我們相信無論是普遍的或部分的懷疑論，都是錯誤的，不健全的；部分的懷疑論者說我們只認識蓋然，不錯，請問這「只認識蓋然」一句，又是不是一定而不蓋然的呢？我們的常識在這些事上，很自然的告訴我們，他們是錯誤了。

懷疑論既然不能存在，那麼，我們就可以感到哲學乃是一種可能的學科了；最低限度，哲學是可以提出作爲理智一切研究範圍的基礎來，並且對這一基礎也可找出一個肯定，而這一肯定乃是被認爲可以將一個指意加在一切可能的問題上。這就是說，肯定一切可能的問題的這一肯定，是有其意義的。比如我們說：到目前哲學還沒有將任何問題，給我們一個滿意的答覆，但並不能因此而肯定哲學的不存在，否認哲學的生命。哲學一科，只要在基本肯定的基礎上，能够開列出一張有秩序，有意義的問題的研究的節目表，並設法組成一個哲學的問題叢，哲學就算作存在了。

在知識的問題裡，我們所要知道的：是知識顚撲不破的肯定所包括的什麼？同時我們也要曉得它的根據是什麼？並且還要解決，我們合法的認識眞理，或者我們認識的合法準確性，它的範圍究竟擴展到那裡？

實在論的意義　從人精神的自發運動，也就是說從人類認識官能的自然傾向來說：人乃是實在論者，實在論的分法很多，這裡我們提出的只是天眞的，通俗的實在論，並不是加以方法整理與研究的批判實在論。普通的人，都相信並堅持在他的四周是有實物存在的，並且他也認爲自己是一個實物，他以外的實物與他個人共同構成一種有固有本性（卽各人有各人的特性）的實物。這實物是獨立的，並不附屬於我們認識能力的活動。總之，這種情況我們可以撮要成下列幾句話：實物在其自身方面，並不僅是我們的知識對象，假如我們失去了意識，失去了認識能力，再澈底的說，假如整個人類都壽終正寢了，宇宙以及其間的實物還一樣存在。另一方面，對於夢境與實在境況的分別，也是人人知道，而不大混而爲一的。在夢醒以後，人們常是把夢的內容形容成爲主觀的構造，它整個的實際存在都是棲止在精神自己的活動上：沒有意識，便沒有夢，這也是人人不用思考就相信的事理，然而這些看法與論斷，我們是不是能够證實呢？

我們如果不加思索，一定會認爲這些問題，比較很簡單，很容易答覆，但是如果我們稍加推究，便發覺情形相當複襍；人們在醒着的時候，誰也不加否認：他的記憶與想像是沒有一刻或停，一刻休息的：它們常是工作着。由這兩種官能所產生的東西，我們並不把它們當成一個自身就存在的與件，也就是說我們不以它爲存在於宇宙之間的自立體，更不去證實它的實在性。我們只是看它如同一個意識內在的單純的再現，影像與變形而已。這樣說來，如果有人認爲或相信在領會或意會中看到的東西，就認爲是實物，這樣的實在論者，我們雖然不說他是非愚卽癡，至少我們要說他是太過天眞了。因爲這種與件只是浸沈與存在於主觀的因素中，並不見得有客觀的，實在的自立體的存在。那麽，在認識或知識中，如果我們要將與件與虛構，實物與想像分別開來，而不容其互相混淆，那麽我們是應該作一種批判工作的。

我們假定有一個實在性的與件在這裡，怎樣我們才能使它成爲我們當前的事物呢？假如我們說這個實在的與件是物理宇宙吧，那麽請問我們怎麽樣與它發生關係和接觸呢？是不是只有直覺就夠了，或者還需要利用我們曉得有媒介任務的圖像（再現）的參預呢？如果是前者，那麽這宇宙的實在性就是直接地被我們領會了。並且它在其本身方面就是如同我們所看見的那樣。不過人類對於宇宙實在性的領會並不止此，人們很多企圖在某些感覺的質中——比如顏色，聲音與寒熱的感覺——去看主觀的反應，遠超過觀看外在實在性的物理特徵或固有性。如果我們在知識問題中，走入這一途徑，很自然地，我們對於其他的一切可感覺的與件，像客觀事物的形式與其廣袤，大小，以及其在空間的地區等等，都要加以研討。如此說來，一方面是有外在的宇宙，這宇宙並不是直接被領會感到的；另方面則有我們給外在宇宙製成的圖像（再現），這種圖像（想像的再現）乃是我們心理活動能力的創造。這兩者之間是不是相符呢？我們如何知道它們相符合呢？此外，我們又如何建立起有外在現實界的眞理呢？既然只有我們意識行爲的運用對我們是當前的，我們爲什麼不能說只有意識行爲存在，而沒有其他的東西存在呢？

問題還可以推演到我們自己的實在性上：我們在認識客體事物上，很自然地要把我們當作主體，主體如何認識自己呢？主體是不是就是意識行爲或意識行爲的結果呢？抑或除了意識行爲的結果以外，還有其他的東西呢？

唯心論的主張　大家不要忘記，在這裡我們所讀所寫的只是概論，所以我們只是大概的敘述一下，不能源源本本的寫出來，並加以詳盡的批判。唯心論（Idealism）也稱爲觀念論（近人有譯爲理想主義者，與原有字意不大切合，且有混淆觀念之虞），它的指意大致是含攝一切減損實在性，而企圖將事物歸縮成思想或心的形像的一切學說，更確切的說一句，就是將實在性或事實看成是我們腦子或思想的一種夢幻；有的時候，我們也稱它是主觀主義（因爲認識者或思想他所認識的人，被稱爲認識的主體）有時候我們又稱它是批判主義，還有許多的名字，像佛教的唯識論，陸王的心外無物說以及近代的唯我主義（唯我論 Solipsism是我們自己關閉在我們個人意識之中，他們主張無論如何，我們也不能突出我們個人的範圍），都是唯心論的一種，都包括在唯心論的大旗之下，無論在哲學思想上，人們如何巧立名目，只要它是在減低實在性的價值，而將實物或客觀物體歸縮成爲思想，形像，或者是觀念，而這思想形像或觀念都是在認識的主體上，它們便是主觀論，觀念論或唯心論。

唯心論很顯明的也是懷疑論。因爲如果人的知識只是主觀的而不能超越主觀的，如果它是人類智力的家內產物，如果人只是走在作夢的世界裡，那麼很自然地，知識的準確，知識有關於事物的準確性，都是不可能獲得的，充其量不過是錯誤而已；試問主張知識或認識事物，是不能有準確性的，這不是主張懷疑論是什麼呢？

我們只要稍微思索一下，立刻就能夠看出唯心論是自掘坟墓的，因爲如一切事物，一切客觀事物的實在性，最後都歸縮成了心的境界，都成了心外無物的心，那麼我們有什麼根據認爲心的境界，心外無物的心是實在的事物呢？如果宇宙是夢幻，那麼作爲宇宙一份子的我們，作爲我們一部分的心，不也自然就成夢幻了嗎？有夢幻者才有夢幻，沒有夢幻者又那裡來夢幻呢？這樣的論調不又是陷入懷疑之中了嗎？並且如前所說，在否認實在性時，他們也正是承認着實在性。因爲他們既然說一切都在思想之中，那麼思想自然成了實在的，這不是承認了實在性嗎？

還有另一個唯心論的典型，那就是相對論，它的主指在是眞理的相對性上。這種主義不肯承認眞正的實在性的存在——卽永恆不變的實在性的存在——是可以被認識的事物，也就是說我們不能認識永恆不變的實在性的存在；因之，相對論者便主張眞理是繫於您認識或察看它的方法，或者說您經驗它的式樣，相對論者主張爲一個人是眞理的，爲一切人未必是眞理；爲此時是眞理的，爲一切場合未必是眞理。比如我們說今天此地很熱，可是同時在北冰洋的人則說今天此地很冷。其實這種說法並沒有理由，這兩件事乃是風馬牛不相及的，試問我們說此時此地，與北冰洋的彼時彼地，是不是在一個範疇呢？當然不是，那麼兩者並不大發生關係，不大發生關係，自然也不相排除。我們的說法，在我的此地此時，是眞實的，絕對的，不可否認的；而他們的說法，在他們的此地此時或彼地彼時是眞實的，是絕對眞實的，是不可否認的這都是事實，也都是眞的。我們說相對論是懷疑主義的，因爲它否認有絕對的眞理，相對論又是自相矛盾的，因爲它主張「一切皆是相對的，試問這一主張是不是有絕對的眞理價值呢？若然，則至少世界上尙有一條絕對眞理，若不然，請問這個「不然」又是不是絕對呢？它不能延長至無窮，那麼它總要主張有一條絕對眞理的，既然有一條絕對的眞理，就不能說一切是相對的。

經驗主義的論調　經驗主義的英文名字是：Empiricism，或稱之為Sensism與Positivism，（感覺主義與實證主義），它的主張是只承認感覺經驗是認識的方法，也就是說信賴感官，否認推理智力，否認思維價值，如果有精神體的話，它也認為是我們所不能認識的，他們說所謂精神思維不過只是幻想而已。經驗主義的最高原則乃是：「只有可感覺的事物，始有被認識的可能，對一切超越感覺經驗的東西，我們便一無所知，並且也無法知道」。此外，目前傳行於英美的新實證論，雖然在它的方式上與經驗論不同，但是在其基本主張上，仍然脫離不開經驗論的窠臼，所以我們也一樣將它列入經驗論內。

經驗論的基礎是建立在事物的表面上，它是一種反對唯心論的學說；可是就其減低理性或減低心性的實在性來說，經驗論本身也是唯心與主觀的。經驗論就其為哲學來說，可說是全部不能貫通的，懷疑論與唯心論者是不敢說話，因為如果他們說話乃是反自己；而經驗論者則是不能說話，因為說話乃是一種推理思想的表現，經驗論者是不相信有推理思想的，那麼說話還有什麼價值呢？

感官對我們的知識，實在是重要的一條孔道，沒有感覺的協助，理性知識是無從獲得的；一定要先有感官的協助，理智才能獲得知識的素材。然而如果沒有理智，感官則沒有辦法綜合這些印像，發表出來，使它們成為一種學說：一種學說的講出，一定要有理智的運用。這樣說來，經驗乃是一種不可接受的哲學，因為它是不可能的。

在我們的認識內，有的知識是超越感覺的，比如「我」就是一例，我們的感覺對「我」的所知，只是現象的我，是經常改變的，而不改變的我，乃是無法以眼目看見的實體，是超出感覺的；還有許多抽象名詞，也是這樣的，此外還有不少知識判斷，其眞假並不繫於經驗，比如在數學裡，二加二等四，經驗能否定它的眞實性嗎？這種判斷是有其必要性與普遍性的，而感覺經驗則只偶有性與特殊性的。

最後，我們都知道經驗論是否認推理價值的，那麼它自然該尋找理由去否認推理，但是這個理由則又是推理的。請問否認推理，而又用推理來否認，這如何使得呢？

三說的總評　實際上，每一個正常的人，沒有一個人除了承認自己的存在以外，否認他人的存在的；同時也沒有一個人不承認：利用認識官能，我們可以達到其他事物，而這事物並不只是認識作用的產品或創造；不過在哲學上，我們需要批判的建立起這些信念來，不然它們是不能成爲哲學眞理的。

知識的個體性與共相性　知識問題有許多不同的外觀表現出來，現在我們只是特別討論一下：個體性與共相性的分別。

在我們知識的內容裡，不可否認的，有許多對象是以個體的方式出現的，它自己獨自佔有並且不能通傳給他人的特徵，也就是說它佔有只是適合於他個人的特徵，多瑪斯說：「個體的乃是分別於他人」。其特徵，則不外它有自己的：形式、形像、地、時、根、國、名，總之，我們普通用「這個」，「那個」等字眼，就可以代表個體了。我們說孔子，說這個人，這都是以個體方式說出我們知識的內容。此外，還有共相觀念，它的內容不僅是適用於一個，而更能適用於許多個：比如我們說有一個人，或者說有一個圓圈，這個「人」字或「圓圈」的名詞，是可以適用到許多人或許多圓圈上的。

這樣說來，是不是我們應該說：人類的知識是展開在兩個宇宙上；其中之一是從個體的實在性—這個，那個，這個人，那個人湊成的，而另一個宇宙則是包括着共相的實在性？這兩個宇宙是不是一樣地實在呢？如果我們的答覆是否定的，那麼這兩個宇宙將是誰有優先權呢？如果像過激實在論所主張的：只有共相是眞正實在，那麼個體又將有什麼意義呢？共相與個體是不是都是實物，而沒有根本上的分別，所有的分別，不過只是附加的而已？或者是不是我們要說共相居先，個體只是一種屬於感覺世界的東西呢？如果我們說只有個體存在，那麼共相是不是只是一個抽象，一個表徵，一種虛構，或者只是一個無意義的字，像唯名論的主張一樣呢？如果共相只是一個抽象，那麼它對實在性有什麼關係，並在什麼尺度下有關係呢？並且我們也應該調查一下共相的由來：它是不是人類理性活動的結果？或者是一個先天的觀念？我們首先需要知道：共相的概念並不一定先天的都是一個同樣的類型，也不一定先天的沒有根本和抽象相異的種類，最後，我們如何能規定存在於個體的瞭解和抽象作用之間的關係？是不是該說共相與個體，乃是一種同樣活動的補充外觀，或者說它們是一個在根本上有分別而又分開的工作呢？對於這種種問題解決，是屬於認識論的範圍的。此地我們不想多說了。

主體與客體　人類的知識，無疑的是在於一個客體（對象）出現在意識的園地內，但是並不只是在這一點。人類的知識，在其本質上，也是主體肯定這種出現：主體看見了客體；它與客體是對立的，它也肯定客體是在那裡。這樣說來，我們可以看出在人類知識中主體採取的姿態是這樣：它肯定自己與客體對立。

主體的這種姿態，是推定有一個堅强的基礎的。事實上，人類的知識無論是暗含地或明示地，總是包括着一種必要性的肯定：如果我說我看到了這個事物，我肯定我看到了它，那麼事實上便該眞眞是如此的，正在看見着的東西，我不能不看見它，這是絕對不可懷疑而且正確的事。在原則的方式下，我們也一樣可以說出這種正確的必要性來：二加二（必要地）正等於四，全體（必要地）大於部分，（完全）不可能同時又坐又立，遂如此類的必要性，我們都可以用原則的方式說出的。

可是說到這裡，問題又要發生了：這些原則從那裡生出來？它們的價值如何？有些在一般性形式下的條文，它們想作成定律，但是它們却也不可避免地要應用到特殊的事件上。它們既是定律，那麼很自然的，它們乃是共相的。我們很自然地要探問一下這些定律的起原與價值，是不是也與共相觀念的起原與價值旨所關係呢？這些定律是不是管轄着我們個人精神活動，整個人類精神活動以及任何精神的活動呢？最低限度要有一些定律，該有一種絕對共相的價值，無論是在實物界的領域內，或者在認識的領域內都是一樣，是不是有這樣的定律呢？

超越觀念　在最後這一問題裡，我們的答覆是：這樣的定律是可能有的。但是形成這樣的定律必需要藉着超越觀念，所謂超越觀念，並不是如同近代哲人所用的。在指物外之物，特別是指宇宙以外的物，也不如同康德所說：它是指的非認識行爲所能達到的觀念。這裡我們採用的是原始意義，就是說凡是適用於一切的觀念，就是超越的，這一切二字自然排除「無」，「無」不是有，是不能歸於有的範疇的。超越觀念的外延乃是絕對普遍的。譬如「有」的觀念，就是這樣的。在一切觀點之下，一切皆爲「有」，此外像一、某、眞的觀念等，也都屬於這一類；由這一類觀念形成的原則，無論是在認識界或實物界，它都有絕對共相的力量，比如矛盾定律就是一個顯例。

這裡我們又要遭遇新的困難了：我們從那裡取出了這些概念呢？它們是經驗的與件嗎？但是我們知道經驗是實在有限的。那麼它們是精神天生的形式嗎？可是又如何能保證它們的價值？是抽象麼？那麼我們要怎樣作才能把它們應用到一切事物上去呢？就連那不能是經驗的與件也該括在其中，這樣可以嗎？其次是我們可不可以，稱那應用到一切上，不從任何事物抽象的觀念是抽象觀念呢？一個超越的認識，它括有一切事物，它能不能是不全備的？但是却又沒有一個人想否認我們知識與學問，是可以加深與進步的。

感情傾向與知識　在研究知識問題時，可能應該注意的還有另一個因素。那便是情感與傾向的生活。人的生活是不能離開感覺官能與精神的工作的。那麼我們要知道在知識的討論中，提出感情生活是不是參預於知識本身的經營的這問題來，自然不是節外生枝了。好多人認爲主體的情感與慾望生活，乃是主體的最個人化與最基本的活動，如果它與被認識的客體一點也不發生關係的話，那麼客體便也無法被認爲是當前的東西。人們在和客體價值接觸時，所發生的情緒乃是一個中心，在它的周遭，那些構成意象與概念架構的本名圖象與形式的要素，統統聚集結夥在這個中心上。因之人的情緒，在價值的瞭解上，乃是不可或缺的條件，對認識實在性上，情緒也是極爲重要的條件之一。

人類的活動，誰也不能說它是孤立的：感情生活並不發展於感官生活之外，而感官生活也一樣是不脫離於感情生活的。但是我們應該就近研究它們彼此間的作用，以便知道情緒是在客體表像之先或之後，也是爲了曉得情緒在構成本名知識中具有什麼主要的任務。

知識內容的特徵　從以上所說，我們可以看出我們認識能力的活動，呈現出一個是個體的而同時又是共相的內容。它是一個經驗的證實，也是一個明白的肯定；它常常是可以前進而且等待更完成的，一切都是向着超越的計劃中發展；它是有一個圖象的表像和形式的間架，它們與價值接觸的情緒運動相聯給，對這種種的對立是不是平行的，它們能不能引歸一個唯一基本的對立呢？對立的辭句是不是互相鑿枘？抑或互爲補充？其精確任務與價值是什麼？從此看來，我們知道認識問題並不簡單。從這裡我們也可以瞭解到，爲什麼許多名家彼此有不同解決辦法，而不能取得一致的論調，縱使在許多基本點上也很難相同，其理由不外乎我們上面所說的種種。

推理活動的形式組織　我們具有認識能力，可以認識，在認識能力的最具特徵的一個觀點下去看，它是一個推理的官能；這種推理官能的進步，乃是由判斷與推理的方法而進步的，譬如我們在人的概念與推理概念中，要找出一個指定的關係，使人們承認，那末我們在兩個觀念之中，是應該加以判斷的；就是應該用判斷來斷定它們的關係，斷定在這二個觀念中的表現，是肯定的或是否定；如果我們承認人這個與件與推理的與件的性質，很自然的我們要邏輯的結論說，有理性的資格爲人是適合的，人是有理性的，但孔子是人，所以孔子是有理性的。這一推理的方式，就是基本的邏輯。對這推理的活動的性質，應該加以研究，並該證實它的功能，研究它的結構與作用。

形式邏輯簡說　這種推理的方式，表現在具體的學科上，便是邏輯，像上面例子，也叫作形式邏輯；形式邏輯的創始人可以說是亞利斯多德，他寫了一部專書：稱之爲組織論，這是一本正統的著作。在這部著作內，亞氏曾研究過判斷的辭句，並將判斷分成等級，考察過推理作用，特別作成了三段論法。他並且爲我們找出了有關推理方式的定律，此外他又製定了象與形式的正確或缺失的種種規則與論證。

這種正統的邏輯主要地在研究我們的理智所有的能力：它能看出屬性類聚的關係，就是說瞭解一個概念（比如有理性的屬性）與另一個觀念的內容相關（比如作爲主體的人）。如果有了如此的了解，那麼人的精神，從其中便找出一個必要性的特徵來（卽人是有理性的，人必要是有理性的）。

數理邏輯的本質　世界上有我們許許多多的證實，是爲我們的理智所不能看出其屬詞的必要關係的，譬如仲尼閒居，孟子見梁惠王；對於這種事件，奠基在瞭解本質的正統邏輯，是沒有多少效果的。難道這樣的判斷就不能加多嗎？爲了完成這樣判斷的事項，乃另有一種邏輯的興起：它並不推定瞭解，而只是假定證實。所謂證實，乃是說在一個認識精神裡的單純出現，並不去預斷可瞭解性的等級。這種邏輯，對待人類精神來說，它乃是研究從事實—它對這事實有如此如此的認識—所生出的效果。半個世紀以來，數理邏輯的努力，就是向着這一意義進行的

我們面臨着這新的現象，很自然地要發問：數理邏輯是不是只是正統邏輯的特別一支，或者唯有它乃是科學地有效的邏輯呢？或者我們也可以把正統邏輯看成爲一種哲學課程，而數理邏輯則不外是實證科學

呢？

特殊科學的批判與方法論

只要我們完成了管轄知識活動的原則與普遍定律以後，餘下的便是該在知識各種不同的園地內，形成應用它們的規則了。

每種科學都有他自己研究的對象，而不容許和他種科學相混。其所不能與他種科學相混者，乃是因爲其性質與方法之故。因之便要生出特殊科學的批判論與方法學；這種科學的目的，無非是要將各種特殊科學所有的原則，加以研究，並指定這些原則的價値以及所能達到的範圍；此外還要給它們規定研究發掘的步驟，以及如何使這些科學完成自己的體系。我們這裡所謂的特殊科學並不是專指觀察科學，而連推理科學也一併包括在內：比如物理學，數學，生物學，心理學，社會學，歷史學等等，皆一包在內，這種科學的批判學與方法論也都包括在知識問題之中，乃是一種專門科學，這裡我們在哲學概論中，只能點出名目，而不能加以詳盡的研究，知識問題，暫盡於此，下面我們要開始討論「有」的問題了。

第六章　「有」的問題

有是什麼？　人人都有認識的能力，運用知識能力所得到的結果，便是知識，而知識的對象則不外世界上的事事物物，哲學也是知識的一種，它研究的是一切事物，目的是爲尋找它們的最後解釋，不用說這其間一定有許多問題發生的。

所謂一切事物，其範圍之大，幾乎使我們很難想像，只說「一切人」，「一切生物」，「一切礦物」，已經是一個很廣汎而龐大的範圍了，瞭解起來，已經不是一件容易事了；王陽明只是研究「一棵」竹子，便碰上了不能克服的困難，而轉入了唯心論。現在，哲學所要研究的乃是一切事物，所謂一切事物，其指義是無論如何都不許遺漏一個，它應該是絕對全部，因爲只有「有」括有事物的絕對全部，只有括有絕對全部的「有」，才能不再和其他事物(?)有關（在這裡所謂其他事物，只有那不是事物的「無」了，其他事物四字原本不妥，但因爲沒有適當名詞，故只好用其他事物四字代替）；有是擴展到一切特殊範疇以外的。在這種意義下，它是超過並超越一切界限的。這種絕對的一切，超越的綜合，我們多次稱它是萬有。但是在這萬有之中有一個共同的觀念，那便是萬物皆爲「有」也，「有」字，我們也可以說是「事」，但在哲學上，用「有」較用「事」字更切合形上學的觀念，爲此在本章內，我們用「有」而不用「事」。

「有」字英文作(Being)，而拉丁文作（Ens），英文（Being）不專作名詞用，而拉丁文的（ens）則專作名詞使用，較之中文的「有」字也比較更恰切。它的哲學定義，根據我們在第四章開始所說的理由，是不可能的，因爲我們知道「有」乃是最普遍，最高的觀念，自然它也是最高的「種目」，在它之上不再有「種目」，因爲在「有」之外，什麼也沒有。沒有比「有」更高的「種目」，自然便沒有辦法在哲學的定義上，予「有」字以解釋了。爲此我們在這裡探討「有」的定義，只是作一種描寫性的，而不作哲學本義的定義。由於感覺經驗，我們的理智從「有」之中，汲出來一個概念與一個具體的確定性：即凡是「有」都是存在的。然而存在有許多出現的方式，譬如在一座戰後餘刼的城市內，有的房屋免於炸燬，是現有的一種存在；炸燬了的，是以前有存在；將建築的是未來有存在；由於對「有」的這一種觀察，我們可以說出一個相當淸晰的定義：有是有存在的東西 (Ens est id quod est) 。那麼從這方面說，有可以有兩個意義，一個是有存在者、一個是存在的本身，即主體或存在形式。在我們這一章內，我們採用的是第一個意義，即存在的主體，在它的外延中，包括全體的事物，不管它們實在性是否相同或相異，也不管它是自有的（神）或無限的與有限的，只要它是點什麼，就包括在我們的討論範圍之內，但是所謂邏輯的有，或名爲理性的「有」（像觀念等），乃是屬於邏輯範圍，在「有」的問題中是不加討論的。

一個認識論上的問題　我們從上面可以曉得，研究客體實際存在的東西：「有」，是要用我們的認識官能的；這其間，很自然地要遭遇到一個急待解決的認識論上的問題：卽我們的認識可否達到事物？這是否是一個可以證實的問題？這是整個認識論——尤其屬於批判認識論部份的主要問題，前章內我們已經對懷疑論、唯心論、經驗論的學說加以批判，並說出我們的主張，但是並沒有予以批判的證明。這裡我們也只有約略的談一下：首先我們知道人類精神是具有統一意願的，它很願意努力達到實在性的最遠界限，並且它也不能阻止自己在有之總體的主體下提出問題：特別是在研究一切有的第一由來，最後命運以及至深的意義等；同時也沒有一個人否認：我們的理智是有其基本缺陷的（比如易於錯誤，不能一下概括一切事物等皆是），那麼我們如何能說它達到全體呢？超越的綜合：「有」的範疇是不是一個純屬主觀的虛構呢？

在這裡我們要提出不可知論的主張來，他們大都認爲實在性的領域是我們所不能接近的。但是這種說法很難不陷入懷疑主義的。如果我們對於一切有，無論如何方式，都不能揷足其間的話，我們又如何能決定性的解決一個問題呢？如果我們完全不認識我們以外的東西，那麼我們將沒有任何理由否認我們的問題，也就是說：我們沒有理由說沒有「有」。此外我們也不能說在另一個更高的觀點之下：我們不能用一個完全不同的方式提出有的問題來，而承認我們上面的結論，是應該完全覆校一下的。如果一切肯定都是假設的，那麼不是眞理在任何尺度下，都不在我身邊了嗎？但我們又如何知道是這樣呢？這種肯定不也成了一種眞理嗎？這不是我們又自相矛盾了嗎？

爲了使讀者更清楚，這一主要問題，我們應該如此提出：在我們對知識作了反省以後，是不是可以證明我們的知識的認識價值是合法的，也就是說是有客觀價值的呢？也就是說我們的理性對認識眞理的能力是不是眞的呢？我們不能像未可知論或懷疑論者先天的否認它，請問否認這一能力是不是等於承認它是有能力的呢？至少它有認識自己不能認識的能力，然而我們也不該先天的承認它有認識的能力，因爲在哲學上建立一個論題，需要知道這一論題的動機，也就是說它的基石，這必須經過反省以後，才能肯定。我們的理性對於這一論題（或原則）的反省知識，乃是一竅不知的。那麼這一論題的問題的提出又應作：㈠我們對某一眞理認爲是準確的時候，請問這一準確的最後根據是什麼？是不是我們的準確性就因此而是有客觀根據了呢？㈡我們如果陷於錯誤，其原因何在，是由於理性本身自然如此呢？或者是偶然如此呢？

我們有許許多多的判斷是準確的，我們對這些判斷的同意是堅定的，但這種堅定的動機並不是由於任何權威，而只是由於在客體本身與理智中所有的動機。我們的同意並不是由於心情的某種盲目本能，或者是由於眞實的感覺，或意識的感覺與證據，也不是主觀明白而清晰的觀念，而是由於客觀眞理給理智表現的可見性的影響。比如我說二加二等四，我不但淸楚的看見二加二與四完全一樣，並且還看清這一論題只能如此而不能另樣形成，因爲我看見在分析以後，雙方的總量完全相等。

客觀眞理的可見性又稱之爲客觀的顯明性（Evidence），以別於主觀的顯明性，主觀的顯明性，其意義不外爲客觀顯明性的明晰領會，客觀顯明性之於理智，正如事物外在光輝之於眼睛相似。我們將它分爲內在顯明性，這是說眞理的動機是在事物的本身；有許多眞理，我們認爲是準確的，是因爲它們內在的客觀顯明性，把它們顯示給人的理智，但這種內在顯明性，並不常是以一樣的型態來表現給我們，比如二加二等四的可見性是直接的，另有許多眞理則是以推理的方式看出它們的顯明性來。也有的眞理，必須經過仔細思想考察之後，才能逐漸的明朗化起來，比如宇宙起原的問題，就屬於這種範疇。

然而也有不少的眞理，其顯明性爲我們不是內在的，我們相信它們，則是由於外在的顯明性，也可以說是由信心。這種狀態並不相反我們主張眞理與準確的最後動機在客觀的明顯性，下面我們且約略的申述一下理由：很多時候，我們的理智只是因爲證人的權威，信實一個客觀的事實，我們還並不是盲然地信從，如果我們反省的回味一下，我們同意證人的這一行爲，我們立刻可以發覺這種行爲的完成，並不是在權威盲目的促動下，而乃是由於這權威本身，供給理智表現客觀顯明性。還有時候，某一眞理的內在客觀性（無論是客觀的事實或證人）並未明顯的表示出來，我們還依然地堅決的相信它。在這種情形中，我們所以堅信的理由，則是在於理智認爲：在這裡懷疑乃是顯然的不智，是背叛客觀顯明性的緣故。就是說，如果在這樣的場合，我們不排除懷疑而予以同意的話，我們的理智清晰的看出來我們是太糊塗了。這兩種客觀的顯明性，我們稱之爲外在客觀的顯明性。

從上所說，我們確切反省之後，確實知道我們準確認識的最後動機，乃是表現自己給我們理智的客觀顯明性（無論其爲內在或外在的），這一顯明性在沒有獲得時，我的理智是不會安定的，即連懷疑論者也是如此。

然而還另有一種情形，在我們的認識能力中發生，就是有時候，我們以爲是有了客觀的顯明性，而實際上並沒有，於是我們便進入錯誤之中，它的原因在那裡呢？第一、這種錯誤的原因並不在認識官能的本性上，就是說，我們絕不能認爲人的認識官能，自然地不傾向眞實，而傾向錯誤，因爲「認識的能力天生並不引人入於錯誤，」，「人天然是傾向眞理的」。人的天性傾向認識，我們的理智需要眞理與準確性，雖然不免時有錯誤，但是平常它總催迫並驅使我們去佔有眞理與準確。不得到這種境界，理性是沒有快慰的，實在我們在困難與猶疑中，要尋獲的眞理，常是向我們微笑並鼓勵吸引我們，尋獲之後，則幸福無涯，從此看來，人類理智的本身是不傾向錯誤的；第二、這種錯誤的原因，乃是認識官能偶而引我們入於錯誤，就是說，錯誤只是偶然的。有時是因爲我們認識的官能，在不是它固有的對象上，下了判斷，有時候，雖是在自己固有的對象上下判斷，但因某種外在理由的阻碍或攪亂，才使它陷入錯誤的。

總之，現在我們可以結論說我們的認識能力是可以認識眞理，並能獲得準確的，就是說它是可以達到「有」的。

如何解決一與多的問題 我們既然承認我們的認識官能達到事物，那麼我們首先遭遇到的困難，便是一與多的問題如何解決：因爲我們看得很淸楚，宇宙間是有不同的與件：有礦物、生物、動物、人等等，在某種形式下，它們能是統一的；我們的理智又有在一或整體之中看這一切的傾向，然而事實上整體却又是「多」的表現，我們如何維持寓複褋於一致，寓一致於複褋中呢？也就是說，我們如何調合一與多呢？

如果我們將這問題在「有」的名辭下提出來，那麼我們則當說，實物界的大綜合是「有」，而這承認不同的「有」相遇於一個同樣實物界的實在性的結構（卽另一個有）究竟是怎樣的呢？也就是說，世界的什物是「有」，各個「有」又相同又不相同，相同故稱之爲一致，不相同故稱之爲多，如何解決並解釋這種現象？

解決的方案很多，我們這裡只舉出最爲重要的兩個，並指出它們的困難與缺陷，最後我們再寫出第三種方案。

一：絕對一元論，它乃是一個過激的解決方案，爲很多哲學家所敬佩。這一學說的主張是：各種要素在根本上是合而爲一的，並且也是唯一的自立體，也就是取消了多，否定了不同，而克勝了一與多的相反與對立。這一學說的創始者爲古代希腊哲人巴爾買尼德(Parmenides)，近代哲人則有斯賓諾沙主張最力；

但斯氏的一元論並不能說是絕對的，因爲他承認唯一自立體的許多形態的實在多數性，總之，絕對一元論的主張不外認爲：多數性只是外顯的，表面與現象的；實在物在基本上則只是一個，不可分，無分別而唯一的，因爲一切在一切的關係之下都是「有」，故「有」爲唯一，有爲不二。

這種方案寫出來很簡單，澈底，容易。但是事實上是不是站得住脚呢？很顯然的困難，就是與一個顯明而不可抗拒的與件——複性或多數性——相鑿柄，這種多數的與件，乃是應該與以解釋而不當硬性取消的。

一元論者認爲複性只是單純的外現。但是我們以爲這單純的外現，乃是實在的而不是純粹的無。實在性是表面的嗎？或者是這樣，但它依然是實在性啊？如果複性只有一點實在性，那麼它便有形上學的價值，在「有」的範疇內，也應有它的價值。在這裡將所謂實在與外觀，表面的實在性與深湛的實在性，現象與事物本身分別開來，原是沒有絲毫價值的。這些範疇都是比超越性更低下的，那麼皆應與「有」相連結，這樣說來，一個複性的外表，是不能引歸於單純虛無的；應該看它如同實在物的外表，因爲虛無不能產生複性的外表來欺騙我；幻覺與混淆，是發生在有限的事物們當中的，在肯定實物如實物時，是不會有幻覺與混淆的，因爲在有與無之間是不會發生混淆的。

二、絕對多元論，它的解決方案是針對絕對一元論而發的。在絕對一元論顯明的失敗之下，有的哲學家便走向另一種過激的解決辦法：這種辦法就是否定實在界的一致性，而主張絕對的多元論，他們說：複性是顯明的實在情形，一個事物全面是在與另一事物對立的，那末很自然地肯定「有」的單一性是虛妄的，實在物乃是純粹的複數性，絕對的雜多（現象主義者），至論我們用以綜合雜多的「有」的觀念，那不過只是一個標記，文字與名目而已(唯名論或作名目論，名目論一字，張佛泉教授云譯自殷福生教授，殊不知遠在民國二十二年時，鄒謙教授在其哲學通論中早已採用此一譯名矣，而此譯名之由來，則始自日本）

；最多不過是一種無客觀價值的心的概念，而學者利用此種人爲作法，來統一現象而已（概念論）。

絕對多元論的主張，大致不外乎此，但總沒有一個多元論者肯明目張胆的這樣主張，不過其趨勢所及，漸漸走入否認有的概念的客觀價值，而成爲絕對多元論，古代的海拉克立特（Heraclitus）可以算是絕對多元論的一位代表人物。中古與近代哲學史中，一切的唯名論，現象論與經驗論的哲學，也都有絕對多元論的胚芽。

絕對多元論的主張，我們還能比較清楚地再說一下：實體的萬有，在絕對多元論者看來，不過只是許多絕對體的不相連貫的嵌石而已；每一塊嵌石的因素，在彼此之間，並沒有什麼可理解的關係以及實在的相似；至論在空間的同在，事物的表面相似，只不過是起於純粹的偶然，並沒有一點眞正存在的理由，因之「有」的概念，並沒有一點客觀價值，只是一個純主觀與人造的心的圖形而已，那麼「有」之一字乃是狹義地歧義字；這樣的多元論是顚仆了我們的智慧，因爲它是否認智慧的形式對象的；並且也是取消了形上學，因爲它否認了形上學的對象；那麼絕對多元論很自然地就成了過激的經驗論了。

絕對多元論和絕對一元論，實在是一丘之貉，只是供給多與一之牴觸的單純解決，它並沒有解決了實在體的一致性的問題，它只是任意地取消了實在性的單一性，對我們理性意識的根本顯明與不可抗拒的肯定，不予承認，就是說不承認理性對「有」的肯定，實在說，肯定「有」就是含有肯定「有」的一致性的眞理；所以否認這一個便不能不否認另一個，我們的智慧，面臨着一個對象，認爲這一「有」的概念，正是這對象適宜的表達，並由於這一事物存在的判斷，而將這觀念重歸於這一對象。這一判斷的價值是沒有一點幻想，紊亂與錯誤的，因爲「有」並不與什麼對立，然而這一同樣的判斷的形成，不管是關於其他任何與件，總是有同樣的客觀顯明性的。爲此無論什麼對象的適當表達，它總是和其他一切對象的適當表達相符合的，這就是說，一切的對象（客觀）彼此都有一種基本相似。我們如果不承認這種複襍的基本一致性，我們也一定要不承認「有」，而這「有」對我們則是絕對明顯的。

經驗論者在這裡要提出異議來，他們說：「有」的觀念是超越的特性，它只有一個純消極的內容：與無有相反對；公共一字的意義，在現象中，也只是純粹消極的：它們的共同點：只有不是「無」而已，並且這種公共點也只是單義的，並沒有類比義在內，它並沒有含着實在物的眞正一致性的意義與事實。

對於這樣的異議，我們要簡單地答覆如下：所謂「無」只不過是人類精神一種純粹虛構，它乃是否定「有」的結果；「非無有」的公共性乃是與一切「有」（或一切事物）的公共性完全相同的，不然的話，我們只有承認一種完全不可思想與不可能有的「有」了。

經驗論者又要說：爲了不成爲無，自然應該有一些什麼的正面，來作對象的本質、精華與固有的指定，這就是說一個對象是該反對另一個對象的。那麼這種正面的完備，並不包括任何彼此間正面完備的公共性，也不包括任何的眞正相似。在現在實現的本質中，無疑地有些事是公共的：這就是存在的境界，存在的事實，現在性的型態；但是這單純的同存共在，並不足以構成一個與其他本質完備不同的正面完備。

我們面臨着這種設難，答覆如下：這種質疑逕難的方式，和我們的理智內，所有最先與不可拒絕的肯定，是有矛盾的。我們理智最先而必要肯定的是「有」，只有正面的完備是「有」，是實在或存在的「有」。其餘的一切不過只是有的限制，界限或形態，所謂「有」的形態乃是本質，而本質的形態並不是存在：存在乃是一切形式（卽物）的現在性。

爲了使我們更容瞭解以上的批判，最好我們需要考察一下：複襍的一致性（卽所謂秩序），如何實現在我們的感覺世界之中。在現象裡，彼此的關係是太多了；我們沒有辦法與以計較，這些都是實證科學的對象：這種關係並指示出一個實在的秩序，卽是多數的一致性，這一秩序的奠基是在一切種類，愛力和存在於宇宙元素中的相互作用的「相似」上。但是複雜的一致性，更淸晰地表現在存於「複褋世界」和「我的意識」的關係之中：複褋一物，實實在在地可以爲我的意識所同化與統一。很顯明的，複褋構成一個秩序，而我的意識也是其中的一部分，並不是絕對體的不相干的嵌石。

現在我們可以結論：複褋在其本身方面乃是佔有一個實在的一致性的，這個一致性並不是我們的精神所創造的，而只是他所承認的。我們藉着肯定「有」的這種助力，瞭解實在界的事物，由於它和一個實在性的關係，並不能是絕對陌生而完全另樣的；我們沒有辦法說：這一個東西的存在，與其他同樣有存在的東西沒有一點關係，許多絕對體的假說，是不可思想的，我瞭解這個，但並不是完全的：我知道它，但是我還不認識它的最後理由，此外，我也還沒有把握住複褋性所揭示的一致性的神妙性質。另一種說法要告訴我們這一切的。

三、溫和的一元論或溫和的多元論：它的主張：是具有中庸的姿態的，因爲兩個極端都是不通的，在實在界內，是眞的有複褋性與一致性的，但這是如何可能的？而又該如何表現事物呢？於是便該有溫和的一元論或溫和的多元論的說法出現了。

在一致性中，是不是我們也該承認有些複褋性？是不是我們應該承認實在界，在基本上是「一致」而又「複褋」的基源與不同形態的原則呢？在這種情形下，實在界是單純的一，在某種條件下又是複褋；這樣說，「一」是有領先價値的。那麼，複褋如何從一生出呢？

或者是我們要承認在複褋性中是有些一致性的，那麼，我們將要看宇宙是如同一個相反的全體了。如果這樣，那麼實在界乃是單純的多，在某種條件下的一；這是說，則「多」在一之先，那麼我們又將如何解釋這複褋事物的相同呢？卽如何解釋一致性呢？

這兩種假設，我們沒有理由說誰先誰後，也更難作一個有根據的選擇，因爲我們在這上面幾行所指出的與件，並不足使我們作決定性的決定。我們首先應該解決：「有」如何能是複雜的而又不失爲「有」的問題。此外我們還應知道：在什麼條件裡複褋是可能的？複褋本身是什麼組成的？這一個實在性如何與另一個實在性對立？就其既然爲「有」來說，在它本身是完全可比較的，而又是彼此可以含括的，這又是什麼道理呢？

有人認爲這一問題的解決可以用類比理論。他們以爲「有」的觀念的類比意義，可以解決多與一彼此相對的問題。但實際上這種辦法只能使問題提出的方式更貼切，而並不能予以解決，實在，有的這一概念是最簡單的無限定，在人類的知識裡，只不過是實在界本身所表現的兩種特徵的迻譯而已，所謂實在界的兩種特徵：卽不可分開的一致與複褋性。我們且擧一個實例：這隻貓與這隻鼠，我們的概念思想在貓鼠的特點中去看，可以看出牠們間部分的相同異，就是說在（用爲給單義和抽象的概念分類的）種類特徵中，我們可以看出它們（其他事物也一樣）有一部分相似（就其共同爲動物之種目來說），也部分相異（就其分門別類方面去講），但是如果就其具體的實在性或形上的價値去看，此貓此鼠則不能成爲如此分析的對象：這一個具體的貓和這一個具體的鼠是整個可以比較的，因爲它們彼此都完全是「物」是「有」；但是同時此貓此鼠又完全的彼此對立，因爲它們實際上眞是對立的（此貓非此鼠）。這一狀態很自然地要拖出「有」的概念的類似特徵：無論任何具體的客觀事物，只要適當的表達出來，這一概念是不可分地指示着這一客體與另一客體的相似與不相似；爲此這個概念是不完備地指着一個適合於比例並類比的意義，但是實物在其本身是如何構成，才能使人的理智看出它具有這一致與複褋性的兩個觀點呢？如何能本體地使「有」的觀念作類比呢？

爲了解決這個問題，我們可以看出「有」（只是有限的有）一定是複合的，是複合的，故一中有多，是複合的，由多而合而爲一，這一理論是專門本體論的問題，我們不必在這裡超出範圍的詳細討論了。

有的變化　經驗告訴我們，變化的事實是最普遍的，沒有一個人能予以否認，變化不外是持續的相異性，就是說與前者不同，但是變化的結果又是一致性，又是「有」，這「有」與「變化」的相對立，又應該如何解決呢？什麼是變化？如何能變化呢？

變化是具有起點與止點兩端的，就是從這一點到那一點。爲此，一切的變化都含有持續的相異性。在現象界內，我們可以看見三種變化的典型：㈠由無有到一個新客體的有（出現或完成），比如聲音與光線的出現。㈡是從一個客體的有到無有（消失或毀滅），比如聲音與光亮的消失；㈢是由這一個到另一個客體的有（代替），比如水成氣成冰。總之，所謂變化總不外一個實物在變，今天已不與昨天一樣了，以前與現在不同了，它已變成了另個事物。這其間的解釋，也有不同的幾個學派，現在我們且簡單解釋一下：

一：主張絕對一元論的巴爾買尼德，否認「有」的變化，他主張「有」只是與無對立，那麼很自然地：「有」不是可指定的（Determinable），因爲它是完全被指定的（Determine），所謂「有」乃是確定如一，不可指定的。所謂變只不過是外形或幻覺，哲學家對它是應該擺脫開的。

這種絕對的停留主義是要不得的，變化的事實與複雜的事實是一樣明顯的。如果只是一種外形，除非承認外形的實在性，不然便沒有辦法解釋；如果只是一種幻覺，那麼應該證明幻覺如何是可能的，因爲純粹而簡單的無，是無法令人知覺的。問題不在乎否認變化，而是證明變化如何是可以瞭解的。

二：絕對動力說或演化論，則是否認實物界的堅定性，海拉克立特（Heraclitus）就是採取了這樣的姿態，他有一句名言是：「一切都在流動」。當代的柏格森以及他的弟子們，像羅拉（M. E. Le Roy）就是一例。他們認爲：實在界就是變化，就是演變。有卽是變，停止的狀態是沒有的：原是瞭解概念的智慧，將變化分成了細段，分解了創造的演化，定住了生命的創力，停止了實在界的湧溢。

演化論的另一種形式，稱之爲流出的演化論，是說一切物的變化，只是以一個唯一的實在體作某源；它是一個無限的完備，它本然地含有一切可能完備的總和；由它的動力中，生出「有」的新方式，這些個新的方式是不完備的，是有限的，是從無限中借來它們的有限，而這種無限活動力乃是不自由的，其所發生的效果，乃是本然不可抗拒的，必定要從他的自立體中流出的，又有一種絕對必要性，將一切有聯結於活動的根源，無限有與有限有構成一個本質唯一的實在性，而成爲一個流出（或汎神的）的演化論。

這種動力說，卽使是柏格森的威力，以及他所使用的美妙想像，也不能改變它的錯誤，柏格森本人也陷入了觀念的思想陷阱中，因爲變化也是一個抽象：具體的實在性，具體的實物，才是變的主體；爲變化，它應該是「有」；爲變成另一個東西，它先該是它自己；而這一主體，在每個時刻，它都是「有」，是被指定的，也是可以指定的。那麼，兩相對立又出現了：「有」怎樣並爲什麼是可以指定的？拒絕用這樣的辭句設問，便是拒絕思想，絕對的演化論，與其說是哲學的，勿寧說是詩的想像，因爲它取消了智慧與形上學的形式對象。而汎神的演化論又沒有辦法解決在同一的「有」上，如何是無限的而又是有限的，有限「有」在同一的「有」上，如何能把無限加上去。

三：有限的「有」是從無限的「有」自由創出來的，創造的根源是自由的，本身總不會受它所造生的有限物的影響，在有限物被造生以後，它們自己具有生生與變化的動力，其變化的過程，我們多稱之爲潛能與現實。這種方法是超出了實物的二律衝突，而不犧牲任何要素。存在是含着恆存性的，但是實物都是在變，用什麼條件來使這事成爲可以瞭解的呢？對這一問題的研究使我們尋獲了一種形上的新關係，這種關係對變化的事物是變的內在條件：

一切的變化，在變化的主體內，都包括着一個可指定性原則，這原則在本質上是與這一主體的指定原則相關的。

現在我們只是畧畧加以解釋，我們自己感到我們個人的變化，同時也感到其他事物的變化，在我的經驗世界內，誰也不能否認是有變化存在的；在這些變化之中，我們由於上面說出的定律，可以肯定在一切的變化中，顯有一個動力界的組合，這種組合就是在可指定性的原則（潛能原則）和指定的原則（被變化的主體的恆存原則）之間的。

亞利斯多德首先發現了這一定律，他反對海拉克立特的主張，而主張實物是被指定的，同時又反對巴爾買尼德的說法，而認爲實物是可指定的。如果實物能變，是因爲在它本身有一種變化的實在能力，一種變成他物的實在傾向，一個可指定性的實在原則的緣故。總說一句，就是實在的潛能。這種潛能的實現，這種對可指定性相關的指定，就是所謂的現實，因之在現在「有」（物）與無之間，另有一種可能的「有」，我們更好說是「有」可分爲「現實有」與「可能有」，也就是說現實與潛能，變的神秘就此可以瞭解，上述極端的錯誤也可以避免。一切變化都是引向一個潛能的現實，即是從潛能引到現實。

比如甲主體變化乙，甲在本身即爲眞正可指定的，它必需肯定有一個變化的實在潛能的存在，這個潛能却不能是此甲的「是」，因爲「是」乃完備物的理由，只與無相對立，「是」又是絕對的恆存與指定。這個潛能又不能是甲的本質，因爲本質是反對其他本質的理由的，本質乃是特殊的指定與恆存的理由。

總之，「是」乃是主體指定的最後理由，本質乃是主體指定的近理由。爲此在變化中，主體的甲的實在潛能，乃是一個與甲的「是」，在本質上相異的原則。

這種實在的潛能，我們應看它是一個在本質上與其他構成主體的原則相關的原則；實在，是同一的甲主體，它是這樣的東西，它在變化，變化在甲自身上眞的具有感應，我吃，我睡，我長大；如果變的潛能在對主體來說，是一個自立的實在性，則變化要感應這種潛能，而感應主體的本身。那麼變化潛能，不過只是與其他構成可指定的主體的原則的一個本質相關的原則而已。這一主體（整個的組合）在其指定（是與本質）的理由裡，是被指定的，就其可指定性的原則（潛能）來說，它乃是可以指定的，而使主體能夠接受新的指定（現實）。

到此爲止，我們不再多寫了，其他關於「有」的本質與存在，自立體與依附體，以及「有限有」與「無限有」，「有」的特徵等等問題，我們在哲學概論內是不予以討論了。

第七章　自然與生命問題

大自然的內容　大自然是人周圍的一切有形事物的總和，我們稱它爲宇宙，或者是形體世界，也稱它爲感覺經驗世界，因爲這個宇宙以及其內容是可以感覺到或經驗到的，因爲我們研究的是有形體的宇宙，所以經驗科學可以達到它，經驗科學過去曾很長期的運用通常的考察與研討，現在已經漸漸深入到自然界的秘密中了。

在大自然中，無論是誰，只要稍一留意，便可以看到它的內容並不是青一色的相同事物的總和；我們可以依照它們的特性來排比分類，很早以來，人們就把大自然的內容分爲三類：礦、植、動。後來科學進步，愈分愈細，漸漸又分成了許多的子類，有所謂類、科、目、級等等名辭；在動物內則有天生蒸民的人，西方哲學家稱之爲「受造之王」，我國的哲人則稱他是：「天地之性人爲貴」，「惟人爲萬物之靈」。他在萬物中有特殊地位，因爲他統御萬物，並以萬物爲他整個研究的目標。

在大自然中，在純礦物與生活界中，是有很深的對立存在的。近世許多科學家，想把它們歸爲一爐，將前者納歸後者，到現在止，一切的努力，都彷彿觸礁了。礦物界與生物界究竟有什麼分別呢？怎樣才能給它們一個適當的定義呢？

但是在這不同之中，大自然間的一切也還有一個相同。在本體論裡，我們已經肯定了它們的相同點是「有」，在自然哲學內我們則要提出：它們都是有形體的東西，從這一點裡，我們可以研究自然界一切的形體問題。

形體是什麼　「形體」顧名思義，我們馬上可以答覆出來，形體是一種看得見的東西，在哲學上，我們更清晰的說：形體乃是一個物質的自立體，在空間裡，由於長、寬、厚的三積體，合法地擁有伸張性。

這樣的有形物體，是有若干特徵的：首先我們理會有形體的東西是有伸張性的，也就是說有長短大小之分，有長短大小的東西，很自然地可以分成部分，那麼我們說可分成部分的東西，一定是組合的，這是不會有人反對的。化學與物理學的實驗也給我們證實了這一點，然而有形體的東西是如何組成的呢？下面我們再去討論吧？

其次在形體的宇宙界內，最容易讓我們理會的另一現象，則是一切東西皆在變更，這是很自然的現象，因爲由組合而成的東西，自然也可以拆散組合；可以放在一起的，自然也可以分開，這種現象我們稱它是變更，每一個有形體的事物，都脫不了這一規律，那麼可變性也一定是有形體物質的特徵了；不過在這些變更之中，我們理會有絕不相同的現象：維蘇維火山的灰將人燒成了化石，紙成了灰；一個人由小而大，水由冷而熱，我們只要稍一思索，就可發現前者是本質的變更，由此一物而成了另一物；後者則只是質量上的不同，由小而大，由冷而熱，其爲人爲水的本質還依然存在。在自然哲學問題裡，我們稱前者爲自立體的變換；稱後者爲依附體的更改，此外在自立體的更改裡，我們還看到有三種現象：毀滅，新生與改成；在依附體的變換中，則看到有變量，變質與運動（變地）。

從變動的現象內，我們可以結論出有形物體的另一特徵：偶有性；所謂偶有性，就是可有可無性，人生人死，雪落雪消，它們存在與否，並沒有什麼絕對的關係，有之萬物並不多，無之萬物並不少，宇宙還一樣存在。

最後我們從可變性與偶有性中，也可以看出另一個特徵，那便是有限性，只有必要的事物是無限的，而其餘的一切，既然有變化，有無它並無絕對關係，則它的有限性也是明顯的，並且我們的經驗也清楚的告知我們，一切有形體的事物都受着時間空間的限制，卽宇宙本身也不例外。

量的現象與時空　從有形物體的變動裡，我們看出一切物質都有一種移轉的活動力：一個物質的東西，向着另一個物質的東西，發揮着它的主動，而另一個則在反應，這樣構成了世界主動與被動的兩種情形，因而生出宇宙界的變動；而這主動與被動所加於物體的變動現象，除去屬於本質者以外，所最觸目的則是量的現象。

量的現象可以分爲兩種方式，一種是延長的或名爲伸張的量，一種是數字的或名爲不連續量，由前一觀念中生出空間觀念，由伸張與不連續的量中則生出時間問題。

量不是自立體，而是一種依附體，是有形物體的一種固有特徵，因着它，有形的自立體才具有彼此相同的部份。

量是一種伸張，是一種形態，由於這種形態，有形物體的部分是一個安放在另一個部分之外，這種形態或伸張，假若是可度量的，就是說物的部分同時的存在着，如同樹的量，石塊的量，由於這種形態我們可以瞭解空間；另一種量的形態則不是連續的，也就是其部分的存在狀態不是同時的，總是前面的去了，後面的部分的始來，也總不能一起存在，這種量的形態乃是一種狹義的運動，時間觀念正從這其中生出。

顯明的很，我們看見的宇宙，乃是一個構成空間－時間的整體，我們首先願意知道的是這空間與時間究竟是什麼東西？它的性質？它的實在性？它的？實在的空間，也就是我們目前所見的空間，不過是兩個有形物體的距離關係，如果沒有了一切有形的物體，則沒有了實在的空間，所有的只不過是一個想像的空間，一個純理性的東西而已。

實在的空間被認爲是一個外在的空地，它的實在性只是一種關係，並不是一種思想內在先天的形式，也不是一種絕對的實有物，如同一個眞正容收一切事物的大容器一樣，當然也不是一種絕對性的空間的運動；有的人說它是一種伸張，不錯，但是這種伸張乃是存在於若干事物的中間，那麼說它是一種兩個或許多物體間的距離關係，一種有限定的距離關係，不是更合宜嗎？這種關係，並且普通還是實在物體中三積體的關係，這也就是說空間是物體間距離的長寬高的三積體的關係，而超歐克立德派則否認這種說法，主張空間是多於三積體的。

有形物體的時間外觀，是一個困難較少而更容解決的問題：時間是一種工夫的延長，是一種運動的持續，在其本質上是接連不斷的變化着，時間的定義，我們可以說是運動的持續部分的數字，也可以說是持續不斷的運動的伸長或散布，有先後的順序，而這種伸張應視之爲連續運動的容器或度量（運動是可以度量的）。

關於時間的本質問題，與我們前面所說的空間問題相似，它不是康德的先天說，也不是若干人說的時間即空間，也不是牛頓說的永恆，因爲永恆是不變的，沒有過去，現在，未來，同時時間也不是自立體，而只是在事物上具有根據的理性的有，也就是運動本身；運動本身是不可分的，只是現在的一刻，只是不可分的流動，宇宙的演變是應該視爲時間活力的一種表現，而時間的延長，無疑地可以稱之爲這種主張的固有特徵，或者可以稱之爲這種活力的本質的固有特徵。

物體的活力　我們曾說過物質的宇宙有被動與主動的兩種外觀。有形物體的活力，就是物體的主動能力，我們也可以稱它是最近原則；由於這一原則，主動原因從自己的行動中生出效果來。這種活力並不是創造的（所謂創造，乃是從無生有的意義），而乃是從先有的主體裡，引出各種形態或形式。

我們的經驗告訴我們，無數的物體都在發生效果，有的是發生在我們的機能上。比如我們認識了某些物體，我們的機能實實在在地是改變了，就是說我們認識了過去所沒有認識的東西；這種效果，我們的經驗告訴我們，並不只生於我們的官能，而也是產生自我們以外所有的物體；有的則是加在物體的本性上，比如在事物上有新的性質發生：熱、色、電力等等，這種東西並可加在其他的東西身上；我們還看見天天有新的化學配合，有新的物體出來，有新的草木，畜生，新的人等。我們知道，這種力量的原因不僅是佔有空間的運動，更不單是轉移的或被動的運動，被動的動力是不足以解釋：物的生成以及其各種形成事物的歧異，統一與恆久狀態的。

從上面的說法內，我們又理會了，雖然物體都有活力，但其活力並不是完全相同的，有的活力我們稱它是內存的或者是生命的，如果它主要的效果是在主動者上，這就是說在是主動的事物上的力，是有生命的，比如我們說「生長」，其最先是在生長的物體上，一株樹的生長也有他的效果；它投下他的影子是依照它個體的大小的比例，這樣它如果是在窗前或我們眼前，它是能遮住我們的視線的，但其主要的效果則是在生長的樹上，這種活力我們稱它是內存的；此外還有所謂轉移的力，這是一種旁及的力，是在主動者以外的效果；內存的力又稱爲生命力，而轉移的力則又名爲機械的活力，其本質是在於有空間的運動，氣浮、球跳等皆是。如果是在於性質上的改變或動轉，我們則稱它是物理的活力，光亮不斷的發光，發音體不斷的傳播聲音，但是這種物理的活力，常是伴隨着機械的活力的，轉移的活力，如果加在一個自立體的物體上，而使它改成其他自立體，我們則稱它是化學的活力，這種活力普通都有機械與物理活力的伴隨。

最後，我們要知道這種活力只是一種物體的特質，並不是自立體，它是依附自立體而存在的。

有形物體的構成　宇宙間有形的物體是運動的，由運動而有時間，有活力，物的活力加在物體上，有的使物體有了本體的改變，就是從這一個自立體變到那一個自立體，這如何能夠呢？爲了瞭解這種改變的理由，我們必定瞭解有形體的自立體是什麼？也就是物體的最後結構是什麼？

關於這一問題的解決，我們只提出主要的幾家學派：（一）原子學派，原子學派又可分爲機械的原子學派和力的原子學派。機械原子學派認爲：凡是有形體的物體，都是由同質的最小的分子（即原子）所構成的，它們有不同的形狀與大小，外力可以使它們變動。這樣的原子也是不可分的，不變的，沒有主動力的。另一派的主張是：這些同質的小東西是有動轉的能力的，也有人說這種動轉的能力乃是抵抗的力。

這兩種原子論的主張都將有形的物體引歸物質，他們認爲物體乃是一群不同形狀，大小各異與各種詖動的原子所構成的。爲此沒有一個實際有分別的有形物體，也沒有一個個體的物體，是眞正的自立體的一致性，也有很多人認爲這種構成只是物質的小分子的偶合而已。

原子論者的理論說：有形物體是小物體的湊成，但這並沒有解釋什麼，因爲小物體是如何而成呢？此外他們又摒棄了自立體的一致性的概念，那麼又等於否認了我們知識的能力，第三、原子論者承認偶合，以偶合爲原因，偶合又那裡能是原因呢？

我們上面說過：物皆有活動力——生命的活力，機械原子論者否認了這一個顯明的事實，而力的原子論在這一點上，雖然有所改變，但在另方面也與機械論者犯了同樣的過失。

（二）動力派：動力派正與原子論者相反，他們將物質引歸「力量」，他們說一切自立體的物質，都是力量點的集成，沒有伸張，在一種相當的距離內彼此吸引與排擠：這樣說來，有形物體雖然是沒有伸張的，而在這樣的情形下就成了有伸張的（因爲有空間的距離）。力量點是不改變的，爲此沒有所謂自立體的變換，甚至在宇宙內也沒有所謂有形物體在自立體上的分別。

動力派是自相矛盾並有不相稱的理論，因爲動力派承認物體在當前是有伸張的，可是他們又說構成有形物體的力量點是沒有伸張的，零加零成爲數字，這顯明是矛盾的，可是無伸張的加上無伸張，却可以成了伸張，這又如何可以呢？縱然說力點是被距離的空間分開，這其間仍不過只是缺與無而已，它們的相加仍然是零，這樣說來承認物體的當前伸張的動力派，也一樣是否認有形物體的當前伸張的。如果我們再看那乾脆否認有形物體的實在性，並認爲宇宙不過只是純現象的夢的世界的動力派，我們則發現這種學說是不能解釋現象或夢境的，因爲沒有伸張的力點在運動，乃是不可見的，也不能創造一個可見宇宙的幻想。實在，沒有一個實在宇宙經驗的人，是不能創造一個宇宙幻影的。現在我們覺得眞眞實實具有宇宙，這將如何解釋呢？動力派也不能解釋自立體以及生活體的機能一致性，此外動力派又主張力量點的活力穿過眞空，這也是不可解釋的理論。

（三）形質說：形質說認爲在有形的自立體內，有自立體的兩個原則，一個是原質也名第一原質，另一個則稱之爲形式。所謂原質並不是像原子論者所說：只是一種伸張的想像概念，不！它實在是符合一種具體的材料（東西因它而成，我們稱之爲成爲某物的材料）的概念，是在純境界上，柏拉圖稱它是一種無，一種純然用它而構成事物的什麼。在它本身方面，它一點也不是什麼指定的事物，是一個絕對不指定的原則，本身是不能有存在的。第一原質是自立體的，但不是完整的自立體。第一原質又稱爲「純然的可能」，是不成形的，是一切現存事物的底基，是被動的接受，由於另一事物（形式）而可能存在，這與老子的「無」和易經兩儀中的「陰」是極爲相同的說法。而這給它存在的另一事物，我們稱它是自立體的形式，自立體的形式是主動的原則，它如同事物的活觀念，或者如同事物的靈魂，它是有指定力的，它使一個現實的物體（一個存在的物體）存在於一個指定的現實物體的種類內，它確定那純被動的第一原質，好似雕繪家給陶士指定一種形式似的。只有與第一原質結合才構成唯一成功而存在的物品，由於形式與第一原質的結合而產生的效果，稱爲第二原質，也就是我們所見的一切有形體存在的事物，這與老子的「有」同易經中的「陽」相似。自立體的形式，是有形的自立體的基源與根子，是自立體的確定者，是主動力；第一原質則只是潛能的，無指定的，無主動或惰性的。

這一學說，保持了原質的、有形宇宙的、以及伸張（量）的固有實在性，同時也保全了物理性質（質）的固有實在性，並且還充足地解釋給我們認爲不同種類的有形物體中的本性或本質分別的存在；它在死寂的和生活而沒有理性的物體中，指示出一個非物質的自立體原則的存在，但這非物質的東西並不是神體，因爲它不像神體一樣，可以脫離物質而存在；在人類中，它使我們瞭解物質與靈魂的結合，靈魂是人身體的形式，因爲它能離物質而存在，所以它與其他的自立體的形式是有分別的。

生命的意義　地球上有形體的事物是不可勝數的，這其間使我們理會到有些事物是具有特別豐沛的活力的，它將物質組成了千千萬萬的形式，從這裡很自然地使我們提出生命的問題來，生命是什麼呢？為什麼我們給萬物分成有生者或無生者？

生命表現在生活的事物上，乃是一種自動，與自己成全自己的能力，或者更簡單的說：生命乃是自動。有生命的東西乃是一個有機體，是一個不同物質的量，它的反應常如同是一個整體。在無生命的東西裡，它們還是如同一個一致性的東西工作，而有生命的東西，不更是一個整體，一個更深湛的一致性嗎？有生命的東西，用自己的力量，維持自己，發展自己，保護自己。一個有生命的東西與無生命者，是有其分別的：無生者的活動力量是移轉的，是一種佔有空間的運動；生命在生活體內乃是一種有內存活力的能力。生命在生活體內，乃是一種活力的能力，一種活力的習練。能力是生命的第一義，生命在第一現實中，也就是生命在基礎的事實上；至於生命任務的習練與執行，乃是生命的第二義，即生命在第二現實中，也就是生命在現實的習練與執行中，換言之，前者可以說是潛能，後者則是現實。

生命的能力在生活體上，乃是一種自立體的原則，是生活的原則，生活體的精魂，生活體的魂是一種不完整的自立體，它與有形的自立體作着自立體的結合，成為形體的自立體的形式，使形體各如其類的存在，而成為生活體。

生命的力與無生者的轉移的力其分別何在呢？為什麼不能稱一個生活體為機械，為機器，是不是二者不能歸為一事呢？生命與無生命是有本質上的分別的。生活體不僅比無生命的物體更複雜；它們間是有種類上的分別的。在來源上，生活體是直接或間接地來自母體，與母體有一樣的本性，而無生的形體，則是來自物理的聚合或分開，或者是來自化學的混合與其他的形體，然而卻不是生命的產生，很多次生出的形體與產生的自立體是不同性與本質的(水自氫二氧一);在消長上:一個生活體有生長,由於細胞的加多在一個指定的有機體內,有機體長大起來,並且還有着眞正營養的工作;無生體並沒有眞正內存的長大,而只是由於元素的增加或聚集而擴大,有生體長大到限度便要停止,而終至消失它的生活力,以至喪亡;無生體則只是由於外力,不然便沒有分解與消失,更沒有死亡;在結構與工作上:有生體在結構上是細胞組織的,細胞是由於內在的驅使,結構成一個極端多面的部分或官能,而爲成一個機體奇妙一致的合作;無生的物體沒有細胞組織,而是內存的活力,它們是建築在同質上,沒有彼此互相關屬與官能的一致性,二者不能互歸,有生的組織是不能稱爲機械或機器的。

主動性與被動性的對立,在生物內存的活力中變成了怎樣呢?需知生命並不是飛翔在物質以上,內存的活力也不只是附加在轉移的活力上,不,物質本身是有生命的,生命是物質的組織。但我們如何懂得這個,如何瞭解提拔物質到內存計劃裡的演變呢?

生活的組織(有生命的物體)是一個時空的整體。它的空間的容積是被精確的指定了;各部分的安排也不是隨意的,總和的形象(體)乃是典型的;在時間的關係上,生活組織的生命延長,乃是一個漸進的演化,有開始有終結,經過標準的變象,同時也有一個個體的形式;生命的物體是有一個歷史,一個一去不返的延長,而且只是它自己才有的延長。

有機體是無數的,有的只能用顯微鏡看到,有的則有很大的空間;有的蜉蝣一日,有的時壽很長,彼此都由於生生而相聚相關,但也有的是獨立度其生活,生命是對死亡的連續戰勝,有機體(即有生活的物)老了,死了,但是它們却能將生命傳遞給新的有機體,爲此在世界上常常有生命。

生命種類　在生命的物體內,我們不是很顯然地看出來它們是有等級的嗎?最低限度我們可以看出有兩種在本質上不相同的生命體；一種是更完備的，而這完備的境界並不只是另一種生命更完備的外形，這第二種形式是具有第一種生命體典型的一切完備，而並有它本類的完備，我們稱它們是植物與動物，並且我們也很自然地承認動物與我們有相似的心理生命，而否認植物一切的有意識的活動力，這種見解是不是有理呢？對於這些事物的研究，我們所能根據的只是它們表現給我們的與件。爲此，我們應該研究並考察這些事物的動作，以及它們和其他一切生物反應的方式，在動物的動作裡，有那些個特徵，使我們能看出動物在基本上是高於植物的生命呢？動物有沒有一個或多個特有性，使我們斷定那是動物生命的活力與生存的表現呢？動物的一致性與植物的一致性是不是一個種類呢？

爲了解決這些問題，我們且看植物生活所顯示於我們的與件，然後再看動物生活的情形。植物的動作，我們從現象裡可以找出三點固有特徵：營養，生長與生命的傳生：㈠：營養，營養乃是一種動作，有生物借着這種動作飼養或營養自己，這是植物所有的一種奇妙能力，它取食另外的自立體，而化成自己的本質，營養作用是一種很複雜的程序，含有許多輔助的動作，這種動作絕不是無生物所能有的。㈡生長，一個有生物，由於營養作用，使自己走上發達與成熟。這是由於細胞的奇妙地加多，而將它們分佈到各個肢體，一切皆是無比的和諧，而且構成一個一致性。㈢傳生，一個生活體由於營養而長成一個成熟的東西，然後開始傳種，並且這種傳下的有生體也與自己的本質相同。

動物的感覺生命也是一個生命，動物自然也是一個生活體，我們誰也不曾懷疑，它具有植物生命的一切特徵，但是在植物的特徵以外，它還有異於植物生命，並且高於植物生命的特徵：比如認識的能力，對於認識的行動，有感覺的東西，我們稱它是動物，除去了認識以外，它還有感覺，感覺的能力：感官，認識是借着感官而來的，同時感覺的生命，又有希善避惡的本能，我們稱它爲慾，有慾便有動轉，最大多數的動物，都有從此處到他處的能力；歸納起來，動物的固有特徵，我們可以說是：感覺，貪慾和動轉。

植物的生命力或者稱之爲生魂與動物的生命力｜覺魂，雖然同是屬於物質的，在現實狀況中來說，它是單一的，然而就潛能來講，却是可分的，但是動物的生命力，無疑的是高於植物的生命力的。這個在生命的作用上，我們是可以清楚地看出來的，並且二者的界限，在基本上是分明的，彼此不相混的，其間是有本質上的分別的，在實驗心理學與哲學心理學的專課裡，將有詳細的解釋與證明，我們就此擱筆了。

類的意義　關於生命的研究，我們是不能只拘泥於個體生命的。從前節裡，我們可以看出來，許多生活體，在它們的組織與本質上是有其共同性的，這種共同的境界，我們稱之爲類，每一種動物與植物，不過是屬於它們個人之類的一個事物而已，每一個類、乃是許多相似個體系統的一個終點，它們由於傳生的方法，無限度地相繼續着，一代代的通傳着它們的生命。

在每一個類內的個體，都彷彿受着一種自然律的支配。它所有的活動力，全部的關閉在它所屬的類內的界限中，這種界限彷彿也是不可逾越的。這一種自然律，並且還加給屬於某一類的個體以指定的形式和方向。而這一個個體在這種自然律的支配下，它除了本能地希望達到它本有的境界以外，還企圖在完成它本類的最高止境。

我們可以不可以將「類」看成是一個單獨的東西，當它是一個自立的生活體呢？是不是也可以認爲「類」是高於個體的呢？我們認爲「類」是存留在個體之中，它自己並沒有實在性，有之只是在個體之中，那麽類是不是它所包括的一切個體的整個系統呢？在這種場合下，我們應該承認在系統尚沒有成就的尺度下，類仍然不是實在的，我們可以不可以說「類」的劃分是出於人的意志呢？若然則一定是瑣碎繁多而不統一的；那麽「類」的分劃是有客觀基礎的，然而如何解釋這各從其類的現象呢？它們這各從其類的力量的持續性又是自何而來呢？它們這持久的方向的實在理由是什麼呢？

現在世界上的動植物的種類，簡直是更僕難數的，如果我們將它們互相作一比較，我們是可以一組組將它們再歸納起來，並且成爲一個最大的總和，最後又不能不使我們想到這一切生命的來源，這個來源是什麼呢？是不是來自無生物呢？是不是由自己的分割而生出新生命呢？一個有生物旣不能阻止個人的沒落與死亡，又如何能給一個新的組織以青年而有力的生命呢？這個能使許多生物生生而又不止息地傳留的生命，而又時生時滅的東西，究竟是什麼？，從何處來？往何處去呢？

到此爲止，我們所說的生命乃是一個物質的組織，那麼關於解決它的問題，當然有一部分是等待礦物問題的解決的，更可以說是系於物的問題解決的。

生命一定有一個最後的來源，它不能來自自己，因爲它自己是來自另一個與它相同的東西的，而另一個又是來自另一個的，這樣數上去，一直到無限的次數，這是不可能的，它是來自另一個與它不同的東西嗎？這個不同的東西，是來自誰呢？是自有的呢？是自他有的呢？如果是自他有的，那麼它自己又該是來自另一個的；如果是自有的，那麼它自然不應與這些東西相同，而這種方式就是所謂創造。

關於生命由來，也可以說物種由來，在創造的範疇以內或以外，還有定形說，這一派主張的是物形與生命，各從其類，從無變更；有另一種說法則是演化論，有一元的進化論，也有多元的進化論，依照它們的主張：最初是有一物或多物在演化的緣故，才給了它們一元或多元的名目，如果這些主張承認有最後的原因，來創造了一物或多物，無論其爲定形或演化論，便都算是在創造範疇以內的主張，如果不承認最後原因的創造說，那麼這些說法就是在創造的範疇以外了。關於這種種解決的詳細情形，以及正確與否，在這裡我們因爲篇幅與範圍關係，只有從略了。

人的生命　人之異於禽獸者幾希，雖然說是幾希，但並不是說沒有分別，不錯，人的生命裡包括着動植物生命裡一切特徵；營養、生長、傳生、感覺、貪慾與移動的作用；但是在這以外，人的生命還有它自己的或者稱之爲特殊的作用：就是瞭解與意志。瞭解和意志作用的活動，人們稱它們是理性生活的作用。植物因有生養傳生的作用，我們稱它的生命，爲生活的生命；動物因爲有感覺，有貪慾與移動的作用，我們稱它們是有感覺的生命；人的瞭解與意志則是理性生活的特性；因爲他又具有與動物相同的特徵，所以我們才稱他是理性動物。這三個等級在基本上，乃是有分別的，並且也是一級高於一級，彼此間有一條不可逾越而清晰的鴻溝，人們也稱它爲類的分別。

但是人的生命，雖然具有與植物動物並自己固有的完備，能力與作用，然而他並不是三個自立體，只是一個，他也只有一個自立體的形式，而不是三個自立體的形式，也就是說人只有一個魂，這個魂我們稱他是靈魂，或者是精神，也可以稱他作生命力，是他使人類脫出並超越動物界，是他使人類成爲單獨的一類：人類；也是他使人類有動植物的物質生命，就是說他是人的動植物質生命作用的原則與基源；同時他也是人類所表現的理性能力與作用的精神生命或非物質生命的原則與基源。我們都知道多是包括着少的，高級的是包括着低級的，這是很顯然的道理。但是少的却不能括有多，低級的也不能成爲高級的基源，意志和瞭解是屬於非物質的範圍的，他們不能來自物質，當然也不是物質的了；爲此我們稱人的魂是一種精神體。人類的魂是一個自立體，是單一的而非複合的；它是一個精神的實體，並且不與我們的肉體同其腐朽，所以又稱之爲靈魂。

我的自覺　每一個人，只要是正常的發展，到了理智初開的時候，便對於自己的活動有自覺。他感到我自己的生存，因着心理生活的光照，我這事物爲我是當前的。它是怎樣地顯示給我呢？它顯示給我如同它是我的事物(我的有，我的存在)一樣，它顯示給我如同是一個「我」一樣：它所涵容的一切—思想、記憶、領會，心靈的狀態等—都完全是我的。這個事物是受着變化支配的，它不止息地在變化；它一直不斷的在開展着新的思想，情緒與新的願望，但是這一變化並不在我以外，而實實在在的就是我自己；是的，只是我自己，一點也不是別個。是我有新的思想，新的情緒，新的願望，並不是另一個非我者如此這般。就是在這種情狀中，「我」存在於時間的延續裡，這個我雖然一直在變化，但他直到最後，仍然是同樣的我；這個我雖然變得與從前另樣，但他仍然是「我」而不是另一個人。

在這種狀態裡，很自然的有一個問題發生，就是這個「不變」與變化的對立如何調和起來？我們知道，它們只是一個實在性的兩面，而並不是兩個實在性。它們是不是都是這一實在性（我）的同樣的本質呢？，在我們說明它們是不可分的合一時，是不是要說明它們是有分別的呢？或是將它們混而爲一呢？或者使這一個成爲另一個呢？

解決這個問題，在心理學上，自然有許多不同的學派，我們這裡不擬決定性地與予以解決，但我們要提供的意見是：這個問題，看去雖似單純，但是其實際上却與本體論和認識論的基本觀點有關，需要有了正確的本體論與認識論，方能對這問題有眞正的解決。

人與物的對立　人有存在的自覺，在透過使他的肉體生活的生命力量的狀況下，他看出來他有一個與生命力量不同的肉體的負擔，他感到這一個物質的實在性，是宇宙內的一個部分，他自覺他是存在於世界之中，他的注意同時也達到時時在他周圍的事物。

人感到自己有一個物質的實在性存在着，同時他也感到這物質的實在性是有限界的，從他這肉體的某些限界內，他切實地感覺到自己是不能與顯示給他的有形事物，混然不分，合而爲一的。換句話說，就是他感到他與這些有形的事物對立：他不能從內裡來把握住這些與他不同的有形事物，他只是從事物的外表來看它們，它們一些也不像自己的肉體一樣，是自己的東西，他與它們有分別，他和它們彼此間的對立姿態是「我」與「非我」的。這種對立的意義是什麼？是表面的呢？或者是達到了實在性的根本呢？

人是自立的中心　在這宇宙內，我們每個人都有自己是「自立的中心」的自信。我們雖不否認我們是宇宙的一分子，但是我們並不大承認我們只是單純的一個有形的事物，完全像其他的單純物質事物一樣，受着物理定律，也可以說是受着機械定律的操縱，他自覺也不像其他事物一樣，他的存在與感官，正像其他爲宇宙一分子的東西一樣，完全屬於物理定律之下。不錯，一個事物，它的全部的實在性，如果是與物質宇宙有關的話，那很自然的，它要完全附屬與宇宙定律，也就是說它是沒有自由自主與自立的。

人呢，人則不是這樣了，雖然也有不少哲學家否認人是自由的，但是他却不能不承認他有否認自由的自由，有主張人是不自由的自由。一個正常的人，誰都承認自己有一個人格，這一人格乃是一個實在性，它就本身來說，就構成了一個完整，一個完全的有，就是說，人格這一實在性乃是從它的本性中汲出自己工作與價值的原則。人的行爲以及其價值是歸屬於人的人格的，人格的由來並不只由於人的精神，它乃是來自肉體與理性精神（靈魂）的結合，人格近代學者也稱它爲「我」，是一個自立的中心，我們誰不是常在說人格獨立呢？

人不役於物　前面我們說過人與物是對立的，惟其爲對立的，他才可以觀察萬物，並且可以完全獨立地觀察萬物。他可以不受感覺印像往復的限止，而超出事物的現象以及超出自己的感覺地發問：事物的本身是什麼？他也可以發問管制現象的通例是什麼？假如人的一切活動都是隨着宇宙物質的演化，他是不是還是不役於物呢？

我們須要注意，每人都有一種自信心，他相信由於連續在時間中的認識行爲，一定可以達到一個堅定知識的內容。這一知識的內容是有純粹與決定性的眞理價值的。其說出這一知識內容的明確方式則爲：這個是如此的。說它如此，自然包括着不是如彼，也不是不如此，而是在說常是如此的。

此外，如果我們說：這樣的事實何時出現呢？當我們如此發問的時候，是不是我們有些算作脫離了時間的流呢？實在說，在這種場合內，我們是在設法將這一事實，限定在持續的時間內，而將它與其他事實建立上時間的關係；這樣說來，我們乃是從更高處審視這些事實，就是說我們將這些事實的一切，把握在一個綜合內，而脫出了他們的相對性。我們這樣的愈益進入到日益寬濶的綜合裡，最後是不是可以達到沒有一切相對性和變化的觀點呢？這就是說：絕對的觀點。從這絕對的觀點裡，我們可以發現所謂的眞，不僅是限於此時，此地，此種環境，而是決定性，絕對性的眞，對一切人，爲一切時，都是眞的，也就是古人所說的：「溥之而橫乎四海，施諸後世而無朝夕」，無時無地而不眞也。是不是可以這樣呢？我們覺得事實大概是這樣的，我們上面說過就連懷疑論者，他們也在承認至少有一個絕對的眞理，從此可知，我們的理性生活是非基於一個絕對而不動的肯定點上不可的。

關於人類的知識，我們應該有什麼樣的想法呢？無疑的，人類的知識活動是隨着時間消失的，但是這認識活動的內容，在另一個觀點之下，乃是不變的；總不老去的；人類認識的活動是受感覺世界行動的影響，可是它也設法去尋找感覺世界行動的這一定律；人類認識的活動是有機的，故此它是物質宇宙間的一分子，但是它却也統制並判斷物質宇宙，這都是人類知識的固有特性，這些特性是不是矛盾呢？能不能都是來於一個同樣的實在性呢？

爲了解決這個問題，我們可以假定人有雙重的認識活動能力，那麼很自然地我們要追問下去：雙重的意義如何？是一個組合的活動能力呢？或者是兩個獨立的活動能力呢？彼此間關係如何呢？

我們在那裡可以尋獲眞理，如何可以尋獲眞理呢？我們可否將眞理看成是精神的征服呢？那麼它是不是沈浸在感覺經驗的偶有與件中呢？在認識活動上，理智與感覺都是要素之一，那麼如何將它們融化在人類活動之中呢？

人不役於己 人類可以客觀的察觀世界，同樣他也要求客觀的考察自己，完全自立的，就其自己的所是—即客觀的眞像—來判斷自己，對於安排或處理自己的行爲—當然指其知道原因的行爲，他也自願如此，而自覺如此。一個人對於自己深思熟慮然後再作決定的決議，絕不會認爲這是被逼迫的結果，也絕不會說他是沒有自由而如此決議的，不，同時，他也不會認爲這些決定是一種暫時印像的結果，更不會認爲乃是某種盲目而不可抵禦的本能結果；他自己承認這些決定是自己自由決定的，自己是這些行動決定的主人翁，也是它們的負責者。

人類的這種想法，是不是符合事實呢？自由意志是什麼呢？是不是也有界限呢？自由意志的本質雖然不外是我們的意志對於行爲有權決定，但是必竟是有其限界的，因爲我們是不能不受本能，氣質、病苦與社會環境等等的影響的，命定主義對於自由意志的主張，乃是否認我們有自己決定行爲的自由，認爲我們一切的意志行爲，是必要而相當（足够理由）地出於某些原則的，無論這些在意志決定之前的原則是內在的或外在的。總之，命定論者是主張人沒有自由的，那麼它與我們上述的人的自由意志，是不是可以交流於人的同樣的活動中呢？我們再往下追問一句：是不是在一個同樣的主動的我內，應該分成兩個活動力？我們可以主張在人身上有一個組合的活動力。但是請問一個命定的原則與一個自由自主的原則，發生這樣密切的結合，我們當怎樣去理解它們呢？一個同樣的我，如何一方面常是自由的，而另一方面又常不是呢？

人與社會　上面我們是從個人的狀況裡看人類，但是我們還可以從整個全體中看人類，沒有一個人不承認在自然的宇宙內，有許許多多與他相似，也可說是一樣的東西。他和他們在一個一樣的社會裡生活着，與他們談話來往，詢問答覆，他自覺有千百種方式和這些與他相同的東西相聯合着，他自己理會，他也實實在在是有這種聯合的種種實況，他的一切活動都是帶有社會性的。

實在，我們從各方面觀察，我們發覺社會乃是一個不可否認的必要件：每一個人是生自社會，在社會中受教育，無論他在生時的任何生活，都不能不與社會有關，他肉體的，理性的，情感的，生活的各種組織機構，也不能與社會分離，也都是在社會之中，人是社會的動物，不但是古人的名言，而也是現在的經驗的證實，人實實在在是在社會中的，可是我們不要錯想，由於人在社會之中，便失去了獨立與自由，不，每一個正常的人，他都要堅決的承認，他是獨立的、自由的、有人格的、人與社會的這種情況，不是有了衝突嗎？

試問個人是整個地藏在「類」的定律之下嗎？也就是說，只有在「類」內，個人才有它的完備嗎？或者在最後的分析中，個人乃是一個自給自足的人格呢？社會是在一切事上都統制着人，而在個人以上呢？或者它該當承認，個人人格是享有神聖不可侵犯與無時效性的權利呢？

在這一章內，我們常是遇到同樣的對立：一方面有「常存」的存在，另方面又有「變化」的立起；一方面有真理的瞭解的不變狀態，而另方面又有印像的滾滾長流。一方面有自主，有獨立，而另方面則是本能不止息的推動和社會種類與民族的附屬性。

一個基本對立的問題解決了，一切對立問題便皆告解決，我們是不是能夠圓滿無缺的予以解決？

解決的提示　人這個主體是多麼神祕而又矛盾呢？如果我們是物質的，我們是物質的東西，如何能使我們企圖把我們脫離開物質的定律呢？如果我們是精神的實體，精神的人格，為什麼又如何能使我們居住在這個宇宙中，而這宇宙的物質重量又重壓在我們的生命創力上，並且宇宙的時間定律和命定定律又壓在人身上呢？這是說人受着宇宙時間定律與命定定律的支配，而又有生死與無可奈何於宇宙的命定定律呢？

人是不是同時是物質的而又是精神的？是不是該當看他是完全不同的東西們的組合，或者如何兩個根本相反的原則的組合的一個東西呢？在這種情形下，如何解釋人的起源以及什麼是他的命運？居留在人以內的精神元素，是不是在個人出生之前就有了呢？或者是出生的結果和一個創造的結局呢？個人死了以後，精神要素是不是就此消失，或者移入另一個組織之中，或者是他將生活在一個純精神界內呢？

解釋並解決這問題，在靈魂心理學中有精神（即所謂靈魂）是肉體的形式論題，還有靈魂唯一，靈肉結合，靈魂由來，人的命運，靈魂不死等論題。總之，這些問題歸納起來：可以說是人的意義以及人格的意義，也就是人整個的問題。

此外，我們還要知道，解決人的問題，並不能只從人一方面討論，關於自然，形上哲學諸問題，都需要再重新一下，哲學問題是一個一貫的東西，牽一髮而動全身，在哲學概論內，我們只能供給一個解決的提示而已。

第八章　價值問題

世界上的東西，雖然是有限的，但總可算是總總林林，不可詳數了。然而這些東西我們並不把它們等價齊觀，有的我們認為它們的價值大些，有的我們則看他們價值較小：魚與熊掌皆我所欲，二者不能兼得，舍魚而取熊掌，生與義皆我所欲，二者不可兼得，舍生而取義的說法，就這理論的證明。無疑的，我們都認為人的生命高於植物的生命，健康財富則次於道德光榮。這種不同價值的等級，是不是有定律在管制着它們呢？

價值問題的提出　研究萬物價值問題的哲學，稱為價值哲學，這種哲學是以萬物為人欲求的目的，這一問題，看似簡單，而實際上却非常複雜，就價值分類來說，分類是很多的，有生物的，經濟的，邏輯的，美的，倫理的，宗教的等等價值，這些不同的價值，是不是可以把它們引歸為唯一與一型的系統呢？對這個我們是不能先天地肯定或否定的，在當前我們只能說這一切都是價值而已，如果我們不承認價值一字，在對生物的，經濟的，，美的，倫理的，宗教的各方面的應用上是歧義的話，我們一定該承認，在這一切的價值之中，一定有一點是相同的。

價值是有上下高低的等級的，排列起來也是依照這個順序的：有的在先，有的在後（比如有的是很好的，很美的等等）；總之，有的東西，它的價值是比其他東西更有價值的，有的東西則所值較另一些更少。

同樣，我們在事物的各界中，也理會出有一部分習見習用的名詞是彼此對立的；如同是積極和消極的對立似的：死亡與生命對立，健康與病弱相反，好與壞排比，美與醜相值。如果積極的名辭，像生命，美好等等是可以實現的價值，那麼其反面的名詞，也就是消極的名詞，自然就不是可以實現的價值了。

如此說來，我們可以說出價值的秩序是規則或帶模範性的。就是說合於價值規則的事物是價值，其大小高下也不是隨便就可以排列的，在某種意義之下，它管理存在事物的實在性，並且也支配着我們對這些存在事物應有的判斷。

價值是什麼呢？它那規則性的特徵在於什麼，而又建基在什麼上面呢？指揮價值系統秩序的原則又是什麼呢？

為了解決這種種問題，先應該知道一個先決問題：我們如何達成認識價值呢？是由於推理的理智呢？或是由於一種主觀或客觀的特殊直觀呢？為了解決這些問題，我們應該一個個連續地考察一切各類的價值，並將它們比較，但是我們將如何找出並作成這些價值的名單呢？從那裡找到它們呢？

以人為中心　天地之性人為貴，人為小宇宙，在人的整個心身之內，我們可以找到價值研究的契機；人是動物，是物體，可以與各級有形的物體相接相通；人是靈性的，理智的，可以與精神界發生關係，也就是可以上與天通；人是小宇宙，天地萬物皆可以說是包括在人的小宇宙中，「能盡人之性，則能盡物之性，能盡物之性，則可以贊天地之化育，可以贊天地之化育，則可以與天地參矣」，這是確確實實的天人合一，從人推而至物的價值，推而至神的價值，從人的動物性與靈魂中，又可看出人本身的各種價值，從人的研究中，是實實在在可以開啓價值研究的大道的。為此我們的價值研究是以人為中心，但並不排斥人以外的任何價值，同時也不排斥提高人性的任何價值，此外我們還要聲明的是，我們這裡以人為中心，並不是人文主義者所說的人中心論，因為他們這樣的論題是排斥超於人的價值的，我們以人為中心的意思，可以說是以人為起點，下及於物，而上達於超於人的價值，但是所有的研究，則滙聚於人。

人的生命價值　每一個人，只要他理智已開，會思想會反省了，他總不會不感到自己的存在與生活的。並且他也一定會感覺生命為他是有絕大價值的東西；實際上只要是人有意識，有自覺的時候，他總是在貪戀着生命的，我們的俗語說「螻蟻雖小，尚且貪生」，有靈明的人，也沒有例外。金錢勢力，如果到了該犧牲它們以保護生命的時候，人們總是不怕犧牲它的，這因為是人們有生命高於這些什物的自覺。現在我們可以發問：如果沒有自覺，生命是不是便失去它的價值呢？礦物，植物，生物的生命，是不會有自覺的，那麼它們本身是不是沒有價值，而只是一個借來的價值？就是說由於人們的重視而來的價值？無論如何，各種生理不同的作用，只要它們使意義成爲水平了，立刻我們便可以看出人們本能地所看重的價值，在生理作用中發現出來。誰不高興感覺自己的力量，消耗自己的力量，發展並把這些力量通傳給別人呢？

是的，只要人的生理作用正常，我們便可以說這個人是健康的；一個健全而又有力的生命的人，他總是在尋找遊戲的，這就是，人們在健康而有力的正常生命之下，總是痛快而靈巧的活動，習練，使用自己的力量；他之所以如此的目的，不外證實自己是健康的，自己可以作自己的主，就是說自己是自己的主人翁。那麼，玩耍遊戲是不是生命力的理想活動的形式呢？生命是不是在遊戲中便能完成達到它完全的價值呢？

生命與物質世界　生命從那裡來？這是科學與自然哲學上的一大問題，是一個很費氣力與困難的問題，我們在價值哲學中是不討論這個問題的，我們只是以生命作價值來研究。人的生命，有同於植物與動物生命的地方，就這相同的境界來說，它們是有相同的價值的；可是人的生命並不盡同於物質的生命，有超越它們的地方，這超越之點的價值當然高過物質價值，當然也不來自物質價值了。人的生命雖然不來自物質世界，但是無可懷疑，它是舒展陳列在物質宇宙之中的；那麼物質宇宙自然爲人是呈顯着一種價值，最少是一種有利益價值的價值；因爲他應該從物質中取得力量，而使之成爲自己的力量，以便供給自己本然的需要，並發展擴充自己的可能性；人幾乎常常是懷着這樣的心意與目的而努力而工作，而發現各種不同的工具，並時時加以改良與完成它們，以便來擴張自己活動力的範圍，而確定自己活動力的實效；近代各種專門技術、機械、醫藥、交通工具等等之所以日新月異，前進不已，並到神奇的境界的理由，就是這樣的。

然而，這些有理性、會思想的生命，並不是專門追求狹義的功利，只爲他人或自身物質的利益目的而工作；不，人更有表現慾，有優越的心理，求知慾與表現出自己在世物的價值以上，爲此他自然也在萬物中尋找方法，來肯定自己的優越性，來使大自然界屈服於自己的權利、能力與價值之下；而居於物之上，支配它，操縱它，荀子所說的：「大天而思之，孰與物畜而制之；從天而頌之，孰與制天命而用之，從時而待之，孰與應時而使之」，就是這種心志的表現，結果也眞的找到了。這是不是一個遊戲的高等形式呢？自然與技術在這種的關係下是值得研究的。

人和社會　人是社會性的動物，不能離群而索居，必需生活在社會之中，他們彼此間的關係，是建立在符合於生命不同的等級，與人類多種需要的圖面上，文明越是發展，這種關係便愈發加多而複褋，社會的構造在經濟、司法、政治、國際的關係的觀點下，也是愈來愈複褋，人類對社會的關係，也是顯得愈來愈繁複，並且人的獨立無碍的範圍，也一天天的更縮小起來，而變成更附屬了。

社會代表着一個價值可觀的總和，其間有各種等級的不同價值，也有各種重要性相異的價值，價值哲學是應該注明，比較，排比與研究的。

人既是社會的動物，自然與他相似的人們和他生存於其中的社會有關係；在這種關係中，人們往往讓慾情和利益引誘並牽引；也有的時候是被虛榮心或驕傲心的啓發，這就是被炫耀，顯露的心情，或者是被想管制駕御他人的心情所把持。但是也有時—或者說更多的時候，乃是由於愛好更高價值的心情，與人相往來，與社會相處。這種較高的價值乃是正義、慈惠、友誼、同情、忠貞、它們使人超越並勝過自私心與個人一已的利益，而肯爲他人爲社會服務。於是這種高等的價值，也就使人爲了公共利益，而將個人從純個人的觀點中解放出來，高擧自己在個人私益以上，使人類以大公無私的方式，爲公益的理想而工作而努力。

理智的發展　人類的特徵是理智，理性能力發展得愈闊大，世界便是愈文明，人類文明野蠻程度的裁定，也是視它理智發展的程度深淺爲度，爲此有文明教化的人們，都認爲理智的發展是最重要的價值之一。人之所異於禽獸者，有人說是禮、義、廉、耻，但是禮、義、廉、耻之所以爲禮、義、廉、耻，還不是因爲理智嗎？尤其是在改良並應用個人生活與社會生活條件的技術一面，這更是由於理智之功，理智能力發展的範圍越大，應用技術改善物質生活的方法也愈容易完成。但是理智的發展，並不只限於技術與物質的改良，也就是說並不限於利益與實用。理智是會走爲知識而知識的方向的，它會努力於純科學的研究，這是說從事於無我的科學的研究，這是一個出類拔萃的價值。人們也很知道並認爲將自己的知識傳授給別人，爲發展旁人的智力而工作，這是值得稱揚與光榮的事，拉丁文有一句古話說：「得之無僞，傳之無妬」(Quae sine fictione didici , sine invidia communico)，就是在說明我們應該不只爲利而求知而傳授知識。知識、科學、在一切的形式裡，我們大致都認爲它是構成一切高等文明的根本要素與顯然的標記。爲了求得理智的發展，提高科學知識的偉大價值，犧牲金錢，時間，力量甚至肉體的生命等等價值，也是值得的。知識的價值是比它們這些價值更高的。

在研究理智發展的價值時，我們要規定知識和科學的本有價值何在？此外也須要着意在這種關係下，各種運用理性的學科，其系統的階級是怎樣的，也就是說，科學（廣義）的排列順序是怎樣的，得到了知識本有價值的認識與應排列的順序，其價值的高下大小問題，自然也可迎刃而解了。

美的價值　在人的知識範疇中，除去了學理的或實踐的知識，另外還有一種範疇，人們往往運用他的認識官能去企圖獲得它的，那便是美的觀照。這是一種知識，是一種完全沈浸於美感的知識，一種綜錯與神秘的活動力。這樣的活動力終至發展到純粹不顧私利的範圍中，而引起人們一種特殊的情感上的反應。我們面對着一個美麗的作品，不能不發出驚賞的心情，而欣賞它的美麗，而鑑賞它那完美方式所有的光明與燦爛。

自然是一切有的綜合，分開來，聚攏來都是美的，最少說自然界是有許許多多美的東西的，但是人類並不滿足於自然界供給於他的美麗。他還强烈的喜好思維並實行美的新形式。他潤飾大自然中的物質，或者整理自然的形形色色支配顏色，調和聲音，使用言語，分配動作，在形式與線條的和諧下，來說明或表現他個人生命的動韻，與奮與豐沛。在這樣的藝術品內，在這樣的創作整理與潤飾的工作中，他感到有自己的心血在內，自己的精神情緒在內，總之，他感到有他自己的印信在內；在這樣創作並表現的藝術成品中，他感到有强烈的生命表徵，他感到有生命的豐沛的表現，同時使旁觀的人，也感覺到這種種的生命力的表現。藝術家對於他個人的藝術的實行，這種偉大而崇高的遊戲是感到無上的快慰的，「家有敝帚，享之千金」，在自己欣賞而外，如果更有知音，當然更好，即是沒有，這種生命力的光輝，這種表現他自主的燦爛，也儘够了。造物主就是這樣的，他揉合了質料，化成了無數的美麗的成品，使它們表現並產生出他思想的光輝與秩序，萬物之靈與造物主相似的人，藝術家，當然也不會例外的。

美的範圍是極爲擴大的，因爲美的基礎是實際的並想像的大自然，不用說，誰都知道這是無限量的龐大的，同時美的問題也是一個很難研究的問題。美是什麼？相符於它的情愫又是什麼？在自然界所有的自然美是不是符合於藝術的美？由於藝術作品而引起的美感是不是和得之於自然美的作品的美感相似？藝術是不是一種對自然界的忠誠的抄襲呢？藝術作品的意義如何？在藝術成品中醜的作用如何？在自然界中，是不是有形上的醜的存在？就是說是不是有絕對醜的存在呢？在藝術中，我們可以發現並找到許多不同的

藝術，是不是需要把它們排列分類一下呢？是不是有一種分類的根基呢？我們還可以再尚下追問一句：藝術是不是符合人們的一種需要？更是不是符合一切人的需要呢？在這一園地內，關於美的技術，鑑賞與學理是有不少的差異與很大的變化的。在這裡什麼是它的相關性的部分？在藝術作品裡，當然有不少的天才，我們應該指出天才的任務是什麼？此外還有所謂學派，物理環境和文化環境的影響，他們在藝術創作內又有什麼地位和任務？還有私人生活的種種事象在藝術創作中也有不可忽視的影響。此外關於藝術品的社會價值我們也不可忽略，同樣在它的哲學道德與宗教的重要性上，我們也一樣應該研究，美的問題還有許多，我們不能一一提出，同時我們也不能在這裡予以解決，因為這是有關美學的專門問題，在哲學概論內只能提出，引起學者們的注意並激發他們的深思就夠了。

在研究美的價值問題裡，我們當然還要注意美是不是一個超越的東西，也就是說美是不是「有」的一個超越的固有特徵？是不是像眞善同為「有」的超越固有特徵？美與眞善的關係何在？美是不是與眞善對換？美是情感的呢？或者還是理智的？或者是二者兼有呢？美固然是「有」的固有特徵，即一切有皆是美的，但並不因此而成為與眞無別的，眞是存在思想之中，而美則是來自事物一面，如同善，乃是快樂的來源，美是善的一種，但不與善對調，因為善乃是具有一種使貪欲滿足的合宜能力，而美則是對一種對象的認識，由這對象的認識才給貪欲某種快慰，至於美的領會並不只是情感的，而也是理智的，道納適教授說：「人要領會美，必需時時有情感與理智的合作」，這句話可以說說得恰到好處，但是我們也需要知道美的領會並不是推理的，抽象的而乃是直觀的。眞正的美給我們帶來的是精神的快樂，並不是慾的快感，為此美在其本身來說就有很高的價值，不過這其間也有許多等級的不同，有時候在一個同樣的對象上也有許多不同價值的等級，因而還有時引起糾紛：比如在一個人的面孔裡，雖然就物理來說它是醜陋的，但它却能輝耀着一個美的表情，一個偉大靈魂的反射。

美的種類很多，我們應該給他們一個排列，同時這種美的排列對藝術品的排列也有作用。對解決自然與藝術的種種問題也有所裨益。這裡我們是不能加以詳細論列的。

倫理價值　有一種價值對於人類生活有很深很廣的影響，無疑地，那便是倫理價值。

每一個人都秉有反省的能力，在正常的情形中，誰都要作反省工夫，同時他也能把握住作事的動機的意義，那麼很自然地，他也會在認識原因之中，安排並支配自己的生活，我們知道沒有一個人對於發展自己的存在方式，是漠不關心的。同樣，每個人都會分別善惡，對於罪惡的行爲，誰都排拒；對於聖善的行爲，無人不是自發的認爲應該去作，正當的行爲，使人們內心感到和平安樂；一個有罪的動作，給予人的則是良心的譴責與不安。

自然，如果要把這些行爲，算作眞是人類的行爲，其基本點，是這些行爲應該是由於思想與自由的完成的。就是說在理智知道，意志願意的條件下完成的，這樣一來，那麼作這行爲的本人，對於這些行爲自然要負責了，倫理行爲是烙有個人活動力的方向的印信的，並且它們還規定人類每個人的命運。

道德的行爲是屬於個人的，那麼道德或倫理的價值自然也是屬於個人人格的，我們說張三是有德之士，這是因爲他的人格，素養，行爲有善良的習慣；我們說李四缺德，這則是因爲他的人格，素養，行爲有槃病的沾染；這樣說來，道德價值是必要地與個人人格發生關係，但是所謂屬於個人人格者，是不是排除道德倫理的客觀事實呢？比如救人一事是不是客觀地就是一個道德行爲，陰險讒謗是不是本身就是反道德的價值呢？

爲了解答這樣的問題，我們很自然地要進一步地追問一下：倫理價值的根基是什麼？它的性質又是什麼？是不是有一種直觀或自發的領會道德價值呢？也就是說道德價值只是生於主觀呢？或者是有客觀的價值呢？

關於解答這個問題，本有許多不同的學派，這裡我們只介紹並討論一下主要的幾派，一：康德的主張，康德認爲道德價值是不會在人類意志所企向的對象中找到的。我們所喜愛的東西，在其本身方面是總不能有一種倫理價值的：倫理是一個共同的特徵，爲此它自然就是普遍的；它普遍的存在於任何人類有倫理特徵的行爲裡。此外，倫理就其本身來說，也是必要的：倫理必要的是倫理的，並且爲一切人都是如此的，那麼我們所貪求的對象，乃是一個偶有與變化的實在性，並且這樣的對象很多，彼此不同，而且互相矛盾，那麼很自然地從這樣的對象中，是不能生出倫理價值的本然的普遍性和必要性的，其惟一有這樣特徵的東西，乃是意志本身，或者說是貪求對象的形態，一個行爲的道德性，是在於以絕對形式貪求該行爲的對象，也就是說貪求這個對象，並不是把這個對象要看成媒介或工具，而是將這一對象看成爲一個目的與絕對的事物。

康德認爲倫理需要建築在普遍與必要的原則上，而這普遍性與必要性，除非建築在我們意志行爲的形式特徵上，是不可能有這種情形的，因爲我們意志所貪求的對象常是特殊的，偶有的；顯明的很，絕對性是不能建築在偶有的事物上，而普遍也不能在於特殊之中的，在康德這種推定裡，跳躍着一種兩歧義：從倫理科學的存在裡，我們說必需有普遍與必要的原則；但這並不等於肯定說一切倫理行爲需要建築在普遍與絕對的原則上；康德的第二種推定，更是失之不確：就是說爲提出上述的普遍和絕對的原則，絕不可乞援於對象，而只該求救於意志這一對象的形式，我們知道價值是生於有，而每一個個體的有，也是有絕對價值的，並且從個體的有中，也可以提出普遍而絕對的觀念來，在價值觀念中，個體的對象又如何不能從個體中生出這種普遍而絕對的倫理價值呢？

在康德的倫理學內，還另有一個錯誤的推定：康德哲學是深深的受了英國哲學的影響，他認為意志在企向一個具體的對象時，他所貪求的並不是對象本身，而乃是這一對象在主體中所產生的快樂。在這種情形下，如果倫理是發生於所貪求的對象中，那麼一切的道德，倫理價值便成了自私的價值，倫理學也因之成了一個快慰的倫理學了，但是這種推定也是錯誤的，因為意志的企向乃是向着有價值事物的本身，而不是企向有價值的事物在我們身上所生出的情愫（這個以後我們還有所說明）。這種情愫，就其為事物的自身來說，也是有價值的，在它一面，它也能是人類貪求的對象；但是將價值的全部範圍，歸縮於純粹求樂的情愫，這並不是確切的論調，康德的這種假設，正是另一種對道德價值錯誤的學說的根據，現在我們就要介紹並討論它了。

二：幸福主義，幸福主義（Eudemonism）顧名思義，我們便可以瞭解其主旨之所在，它認為一切道德的本質或倫理價值，皆在其屬於人的幸福的基本關係上，全部行為只要引向幸福，便是合於道德，也就是說在道德上是好的，如其不然，便是惡了，倫理的積極與消極的價值，乃是由於一個可以獲得幸福與否的規律所支配，幸福即是道德。

現在我們還不討論判斷幸福是不是一個價值，這個必需在解決了有沒有最高價值以後，才能斷定，我們知道幸福主義是將倫理鐵定於屬附於人類幸福的關係上，全部道德學都在提出幸福問題，全部道德學也都贊同這種趨向幸福的心，但是並不因全部道德學贊同趨向幸福的心，這樣的道德學便成了幸福主義者的道德學，因為倫理道德能够在本身方面，有不附屬於幸福的實在性，而幸福如我們前面所說，也能視之為倫理行為的結果。

個人幸福主義是幸福主義的一種，道德規範是以個人幸福爲歸依的，共有三種典型，在希哲亞利斯的布（Aristipus）的快樂說內，我們可以找到第一種的典型，他認爲幸福卽是最强度的感覺快樂。第二典型的幸福主義，則可以拿伊璧鳩魯作代表，列子內的楊朱學說，可謂在於二者之間，伊氏認爲幸福是一種常態，並不能在感覺快樂强度獲得這樣的常態，而是由於摒棄一切產生苦痛或在痛苦中的事，爲此他更承認內在的快樂，因爲這種快樂產生於記憶與智慧之中，引人到一種幸福的境界，使人在生命種種的偶然事件上，凝靜與安謐。第三個典型則是近代的幸福主義，以邊沁爲代表，這種幸福主義主要地是在於個人的幸福，是在於一種最高的享樂境界，但是爲了獲得自己的幸福，也需要注意他人的幸福，爲此人類爲了自己的幸福，也企向爲他人獲得幸福。

個人幸福主義而外，還有一種社會幸福主義，就倫理來說，凡是有價值的東西，無論其爲積極或消極的價值，在這種學理內，則必需將它安排在附屬人們共同幸福的本質關係之上，個人要讓步於社會，這一派的主要代表爲：在英國有公伯郎(Cumberland)，瑟德斯布里(Shaftesbury)，司徒密爾(Stuart Mill)在法國有孔德（August Comte）。孔德的社會幸福主義，可謂沒有一點個人自私主義攙襍其中，可以說是純粹的一種典型，英國的三賓們則還未能免去自私的牽累。

幸福主義就其本身來講，理由是不充足的，在心理分析中，幸福是在善以後的東西，善是倫理價值，倫理價值卽善，這是盡人皆知的事，我們後面還有說明，現在幸福主義者將它們的順序顚倒了，誤果爲因，誤因爲果，卽令不是這樣，幸福卽令眞是在道德倫理價值之先，倫理價值是獲得幸福的方法，但也不能以幸福來聖化倫理價值，應該用另一種不同的事物來作根據，來證實倫理價值，除非是將幸福看成唯一的價值，並且還是最高的價值，唯有如此才可以說我們行爲的道德價值是幸福引伸出來的，但是事實並不是這樣，幸福是一個價值，不錯，但是它絕對不是唯一的也不是最高的：因爲幸福是一種情愫的境界，在其本身方面是具有各種等級的，有的幸福是生於感覺的情緒，有的幸福是發生於更高的情緒的，幸福既有分類又有等級，自然不是最高與唯一了，並且幸福的產生，是緊緊聯結着一個有價值的對象的，既是聯結着對象，則幸福不是獨立的，而乃是引出的，那麼它自然附屬於另一個在它以前的東西，這在它以前的東西，就當然是幸福這一價值的來源與動機，那麼很自然的，這個引出的價值，便不能說它是唯一而最高的價值了。

個人幸福主義的自私典型與利他的幸福主義，乃是兩個相反的觀念與實際；相反的觀念與事實，絕不會全眞，但却能全假，比如說一切人是好的，和一切人是壞的，這兩個命句不能全眞而能全假的現象，是很清楚的，那麼相反的幸福主義又如何能同時存在呢？

亞利斯的布的感覺快樂說，其錯誤處是這一價值並不是更有價值的幸福，近代的幸福主義的說法也是錯誤的，因爲人類傾向快樂，但這傾向並不是唯一的，在個人與社會發展之中，它也不是最初的傾向，快樂之起，是起自在人身上由於獲得一種價值而生的滿足，那麼一定要有一個指向價值對象的傾向，並不是指向快樂，因爲快樂是附屬於這個對象的，傾向自然要指向根源，因爲唯有指向根源，才會生出這樣的滿足的，在指向這樣根源以後，才能生出一種要獲得快樂的新傾向。

我們還能指責幸福主義的另些錯誤，但是由於篇幅關係我們只有擱筆了。

倫理價值的性質　行爲的倫理特徵，不能是建築在康德所說的貪求之形式特徵上，並且也不能建築在人類的幸福上，我們看到有客觀價值的存在，這些價值表現着價值的特性，並不在於我們的傾向指向它們，也不在於它們產生在我們身心的情愫，但是這些價值，却本質的顯示在積極或消極價值的形式中，並且也有價值的不同的等級排列，顯有一種姿態，使我們意志感到它是需要貪求的對象，而消極的價值則正相反，有若干價值，顯示出一種特別的需要，讓我們的意願在許多價值之中，特別選擇它們，作我希求的對象；普通來說，就是作我們行爲的對象，行爲出自意志，意願：意願在這種情形下是指向一件事實的實行：這個事實就其是可能或可以實行的方面去看，它給我們顯出一些價值，並且還讓我們看出一種特別需要，來由我們的意願去實行它，這種需要乃是一種特別的「應該是」的境界。許多價值彼此聯合起來，也常表現着這種境界。

這樣說來，我們的行爲的價值，它直接客觀的根基；是附屬於某些價值的存在，而這些價值則秉有一種「應該是」的特別的需要，催促並要求我們的意願，來使那有價值的對象，轉變成我們意志的對象。滿全了這樣的要求，便會使我們的意願變成了積極的價值；沒有滿全這種需要呢，則就要把我們的意志變成消極的價值，而施給我們意願以倫理形式特徵。藉着我們的意願，由我們的意願行爲直接實行了的行爲，也同樣的獲得一個倫理價值。總之，我們可以將倫理價值分作兩級：第一是駐在我個人意志或意願的眞正倫理價值，這種價值完全是一個人格的價值，而不是事物的價值；第二則是由「應該是」的需要所構成的倫理價值，這種價值的表現是由於某些客觀價值，普遍來說，這些客觀價值是以可能或可以實行的事實的形式出現着，從這種分析裡，我們可以看出來，人格倫理價值是從客觀倫理價值生出來的。客觀倫理價值的本性，就是說這「應該是」的最後本性，不管他是不是有人類意願對象的要求，他乃是生出倫理價值本性的最後根源。

以上這些論說，雖然比較艱深，但是其總結的意義則可以歸納如下：一個行爲的構成是有對象與人類的意志在其中的。人格倫理價值是建築在「應該是」的價值上，這樣一來，倫理價值就有客觀基礎了。這應該是的根源是什麼呢？是道德律，道德律又從何而來呢，從人的理性價值；人的理性價值不是自生的，那麼其最後根源自然要推到永恆律，永恆律即是天主的理智，唯有他是最高而唯一的價值。

宗教價值　價值是人類欲求的對象，它是有等級的，人類的欲求也是一樣，由低而高，由下而上，而其最後欲求的價值，則是唯一而最高的價值，這價值也是絕對的，是人類欲願活動力最高峯的停留點，這停留點便是絕對的神。他是整個生命的根基，一切存在的來源，人類的理智能力可以認識他，知道他是最高價值，人的意志在理智的告訴之下，自然要企向愛慕這最高的價值，爲了獲得與他常在一起，給他服務也是很自然事。這種使人理智意志轉向他的神秘實體，他在統理着一切，並賦給人類生命一個宗教特性。

宗教價值使人與絕對發生關係，那麼在價值的階梯上，自然是最高的，人的最後根源是絕對的神，神是最高價值，人也是一種價值，而這價值無論是就其爲物一面，或者就其爲價值一面，皆是附屬於此最高價值的。宗教是人與神的聯繫，也就是說宗教價值能夠並且該當深入到人的整個生命之中，引領人的這一價值走向絕對的中心，而使人的這一價值達成他的最高完善。

價值的一般性質　從上面的種種討論中，我們已經可以看出價值的一般性質，價值在傳統哲學中，稱它是完美，完美是「有」的固有特徵之一，是引人貪求，理智的對象是眞，意志的對象是善，善是有揮發性的，是括有可貪求性的理由。到了近代，哲學家不談物的完善，而談它的價值，凡是我們意志貪求的對象，就名之爲價值。宇宙在其爲可貪求的對象來看，它也是一個價值，是的，宇宙及其間的事事物物，並不單是擺在我的眼前，並且他還在我們心內激起一種吸力與厭惡。但是我們要探求的是：在具體上，這些對象是因它們在我們心內激起貪求才有了價值，或者因爲在它們的本身有一種特別的特徵—即價值—才激起我們對它們的貪求呢？也就是說價值是一個在實際上有的特徵，或者是由於認識它們的主體的一種事賞，對象才是有價值的呢？換句話說，價值是主觀的或者是客觀的呢？

我們在倫理價值的性質與宗教價值內已經肯定了它們的客觀性，倫理與宗教價值是特殊的價值，特殊價值是客觀的，是不是整個價值都就成了客觀的呢？這裡我們只是很簡略地討論一下各家學說，並指出我們的見解：

一：情感說，這一主張的意義是無論積極的吸引價值，或消極的厭惡價值，都是在於這一價值使主體（人）感到情感上的快意或厭惡的境界而定，這種境界的由來，各家的解釋多有不同，梅農（Meinong）認爲這種情形是出於一種對某一對象存在的判斷，這一對象或視之爲當前存在的，或以之爲未來存在的。許多心理學家，在研究一切美的價值時，他們都一致的認爲：喜歡或厭惡的情緒，是由於某些聯結於某一對象的力量與素質，而產生於主體上，就成了美與醜的決定原因；也就是如果對某物是喜歡的情緒，該物便美，不然便醜；物的美醜，成了喜與惡的效果。歌內利與克樂葛（Coarnelius and Krüger）則認爲價值的決定，並不在於當前對某一對象的喜與惡，而是由於經常對此物生出的情緒，因爲唯有這樣價值才能有一個較久的特徵。

價值固然與喜與惡的情緒有着本質上的聯繫，但是並不是在於上述的情緒，而是這種情緒假定價值的存在。在心理學中我們知道有感覺與理智情緒的兩種典型。喜惡的低級情緒是以對一種刺激單純的反應形式出現；刺激引起的感覺是隨身携帶着相符的喜或惡的。然而高等的（理智的）情緒中則有心意的存在，這是說情緒的特質繫於認識的特質。而認識則爲情緒的存在與特徵而奠基，這是說，情緒的如何，繫於認識的性質，情緒推定對某一對象的瞭解，這一對象便是價值，是它制定情緒的好惡。

有人說，有時知識瞭解一種價值，而相符的情緒却不會發生，有時還感到一種相反的情緒，這種知識與情感不相符的事實，不是推翻了前面的論調嗎？不！這正足以加強我們的說法，因爲在這種情況下，正足以證明克樂葛的解釋：經常的情緒的說法的錯誤，在這樣的場合中，我們將不會說一個事物的價值是在於所有的情緒，價值的存在是可以不關係於任何情緒的。

二：企向說，另有一種主觀主義的解決價值的學說，我們可以稱之爲企向說，他們認爲價值的根甚是在於企向對象的事實上。對象是有價值的，因爲人企向它們；企向或貪求的主觀事實給予對象（客體）以價值的專有特徵，斯賓諾莎爲此說的有力主張人。海蘭芬（Erehnfels）目前也是這樣的主張着，他認爲一個對象的價值是在於其可欲性；也就是在於它在人心內激起對它貪願的事實。當着佔有的對象已經不能激起了貪求心的時候，我們仍然看它們是有價值的，因爲如果我們想到現在沒有佔有它們，它們便會在我們的心身內激起佔有它們的貪求與希望。

這種主張也是講不通的：它的錯誤與我們以前對情感說所批評者是極爲相似的，我們知道唯有瞭解才生向往之心，所謂不知不貪是也，那麼由瞭解生情感，由情感才生出企向與希求，那麼企向與希求則更顯明的在瞭解以後了。企向是不能規定對象價值的，如喜惡的情感不能規定對象的價值一樣。反之，正是事物的本身價值引起人心的企向與貪求，其程度的强弱大小也正在於事物本身價值的高低大小。事物的價值一經指出，企向與貪求的價值的增加與減少也便有了依據，此外企向積極或消極的價值也不能是它自身的積極或消極價值，而也是賴於物質自身。

這樣說來，價值乃是事物（或對象）自身所有的一個內在特徵，它管理我們的企向與情緒。這是說我們貪求與情緒是依照事物價值的性質而應如何。這樣一來，在我們的企向與貪求中，有一個奠基在事物（對象）價值性質的秩序存在，並不是一切所貪求的對象都是值得貪求的，這一事實又給我們啓示了價值的一個特徵，卽是我們在倫理價值節內已經指出：是不是有貪求的需要，在許多價值同來時，有一種需要使我們作一下選擇，喜歡這個，選擇那一個。價值在本身方面就是有等級的，一切價值都有一個物質，或者稱之爲內容，濾它們看出它是積極的或消極的價值。從內容的鄰近內，我們來聚集各級的價值，同時這也是分別價值等級的基礎。價值常是有兩極性的，這是說一切的價值，依照有價值的對象是值得貪求與否來看它是積極的或消極的，價值也是因於這一特徵而有上下的，高低的。

價值與有　洛茲曾說：「價值非「有」而是值」，這是我們論價值與有的第一個結論，在「純粹有」的範疇一旁，在「一切有」內我們找到了價值的範疇。我們不拘看什麼事物，除去了它是「有」以外，我們對他並不是漠不關心的，我們對它有所形容，這種形容便是價值，那麼它和「有」是不相同的。但是價值雖然不是「有」，但它與「有」是絕對不能分開或分離的。無論什麼價值，正義、美、醜，如果我們在「有」以外去想它們，我們是絕對不會瞭解它們的。在「有」以外，價值便不是實在的，便不存在，這是說價值的「有」並不是實體的「有」，而乃是依附體的「有」，並且價值的「有」也不是量的「有」，而乃是質的「有」，爲此價值是不能分開的。價值既是依附體，則顯明的，他不是存在於自己的，如同主體一樣，而是存在於其他實體中的。

價值的本質一定要依附在實體中，但並不因此而失掉它的客觀特徵，這樣說來，「有」可以說與價值是最相接近的。無限的有與無限的價值則是一而二，二而一的，因爲無限只能有一而不能有二，不過在觀念上，無限的「有」與無限的觀念是兩個事，一個是理智的對象，一個是意志的歸依。在有限的「有」上，如同我們前面所說的，有與價值的關係是價值依附在實體上，那麼一切有的實在基礎，自然也是一切價值的基本理由的，由於我們又可知道在一切有限的有中，價值是存在於實在物的動力的境界內的，有限的有是從無限的有分到了它們的性質，完美，那麼價值也自然是如此的，爲此價值問題，我們也可以說它不過是構成「有」的問題的一種外觀而已。

第九章　哲學的分類

上面我們已經約略的談過了一些哲學問題，從這些問題內，可以使我們看出，這些問題的解決是系於若干不相同的基本東西的，這不相同的基本東西，便是哲學的分類。

爲了使讀者對哲學的分類，瞭解更淸楚，我們擬從歷史一面着手，然後再就我們上面所提出的問題，給哲學一個新的分類。

希臘時期的分類　在希臘哲學裡，我們看到兩大派別，一派是柏拉圖，另一派則是亞利斯多德。其餘的諸家則可以說不關重要了。

柏拉圖的哲學分類是從哲學對象着手，分爲辯證學（理則學），物理學與倫理學，這種分法並不見於柏拉圖的著作中，因爲這於他的對話體裁的哲學是不合的，可是對他的哲學精神則是適合的，根據德國希臘哲學史名家才露（Zeller）的說法，柏氏的弟子賽諾克拉德（Xenocrates）首先採用這種分法，亞利斯多德在分析他老師的哲學時，也是用了這種分法，不過他對辯證學則解釋爲客觀實在性（觀念）的科學，因爲柏拉圖的觀念世界乃是一個具體的實物。後來斯多噶派，隨了亞利斯多德這種註解，將哲學分法的順序改爲物理學，研究實物，亦即研究自然；邏輯學說，研究觀念（抽象的）與認識，也就是研究知識的學術；倫理學，研究道德行爲，新柏拉圖將這種分法傳給了天主教的教父們，與古斯定將它分爲理論哲學與實踐哲學，理論的又稱爲觀照的，實踐的又稱爲行爲的。中古前期的教會哲學家也追隨了這一分法。

亞利斯多德是從哲學目的來分析哲學，將它分爲理論的、實踐的、詩文的、理論哲學是討論「有」的整個秩序，這個「有」是不附屬於人類活動的；實踐哲學是討論人內在的活動的科學，特別是討論人意志的行爲，即所謂倫理學。詩文哲學是討論人外在的行爲的，就是論藝術工作的。

理論哲學依照抽象的等級又分別爲三種，一是物理學，討論有形的物體，可變的事物，就其爲有形的物去看，而不研究它們的個體。靈魂也在被討論之列，因爲她與肉體結合故也；二是數學，研究伸張，或稱之爲量的科學，也就是把物體的形體抽象了，而只看其不變的物體特徵，只看其從物質中留下的：數、量。三是形上學又名第一哲學或名之爲神學，它是在研究無形的有，研究其不變與無形的本質，也就是把物的形體、個體、完全抽象了以後的有，稱之爲神學，因爲只有神才是絕對無形的有，是形上學的本對象。

實踐哲學，從亞利斯多德的門弟子歐德莫（Eudemus）和亞弗廸西（A. Afrodise）起，又分爲倫理學，研究個人的道德生活；經濟學，研究家庭生活；政治學則討論並研究公民生活。詩文學則稱爲藝術哲學。但是在哲學入門之先，還該研究邏輯學，這是訓練思想的科學。關於亞利斯多德的哲學分類，爲了清晰起見，我們且列表如下：

整體科學（哲學）

- ①組織論：邏輯學
- ②理論哲學
  - 一物理學 ｝第二哲學
  - 二數學 ｝第二哲學
  - 三形上學：第一哲學：神學。
- ③實踐哲學（道德論）
  - 一倫理學
  - 二經濟學
  - 三政治學
- ④詩文哲學即創作學：藝術哲學。

柏拉圖的哲學分法和柏氏的觀念哲學聯結太密切，爲此物理學只不過用爲研究感覺世界。而由辯證學才進入理性宇宙，才研究實實在在是實在性的超越的概念與觀念。

亞氏的分法也有一些缺點，因爲他所據以分別哲學的根據—卽哲學目的，並不曾分別恰切，所以將邏輯學遺留在哲學圈外，但是因爲系統的根基比柏氏更好，後經士林哲學的改善，完成了哲學的適當分類。

中古時期的分法　哲學在中古時期的分類，一直到十二世紀的末期，並沒有一致性。在這一時期內，哲學家大致上都是追隨着柏拉圖的分法，而對亞利斯多德的主張則很少有人知道。在早期的歐洲中古，除去亞氏的邏輯以及一些殘缺的著述爲人所知外，其餘的作品，幾乎沒有任何人知曉。這時期，哲學幾乎就等於邏輯學，而列入自由藝術之中。

十世紀在西班牙的阿拉伯哲學家，翻譯了亞利斯多德的作品，自然也採用了他的分法。後來這些譯品深入到西方各國，亞氏的分法於是也就雄霸了歐洲。先由一位住在西班牙多來德京城的哲學家—亞氏著述的翻譯者—公地撒 (Gundissalinus) 開始採用，並寫成「論哲學的分法」一書，後又有司高特和吉瓦特比 (Michael Scott; R. Kiwardby) 兩位哲學人的使用，最終則爲多瑪斯所欣納，並給了它科學的外形，一直延長到十八世紀，才有另種分法的突起。

多瑪斯說：「安排秩序是智者的事。因爲智慧乃是理性最完備的完美，它的特長是認識秩序—在自然事物中有兩種順序—而秩序對於理性則可有四種方式發生關係，有的秩序不是理性製造，理性只是審視它而已，如同自然界事物的秩序。另一種秩序是理性在自己的行爲內審視製造的，比如安排觀念中彼此的關係，用有指意的聲音來作觀念的表徵。第三種秩序則是理性審視着在意志工作內製造的，第四種則是理性審視着在外面的事物中製成的，理智是他們的原因，比如造船或造屋…審視自然界事物的秩序是歸於自然哲學，是理智在考察而並不是在製造，形上學也歸於此範疇內；理性在自己的行爲內造成的秩序。歸於理智哲學…意志行爲的哲學則歸屬道德哲學，理性在外面事物製成的秩序則歸於機械技術」。在另外的地方，他又說：「自然哲學或名思辨哲學，又分爲形上學，數學與物理學」，心理學也屬於物理學的範疇；而理智與實踐哲學則又分爲：邏輯，道德學與審美學。邏輯學又分爲大小邏輯學，卽後日的形式邏輯與認識論，或名爲批判學。

十七世紀的士林哲學又將形上學分成本體論與自然神學與心理學。

近代分法　到了近代哲學家笛卡兒崛起之後，哲學的分法又改變了，我們先說勿爾夫的分法（Wolff）。勿氏爲萊勃尼玆的高足，稱爲十八世紀的德國教育家，他的分法是染有萊氏的唯理主義彩色的：

哲學
- (一)哲學入門：邏輯學
- (二)理論哲學（形上學）
  - 一：本體論或形上學總論
  - 二：形上學分論：
    - I：宇宙論：形體世界
    - II：心理學：靈魂論
    - III：自然神學
- (三)實踐哲學：倫理學，政治學，經濟學

勿氏的這種分法，其最大功績是把特殊科學從哲學園地內提出去，而使它們成爲另一種組織。就勿氏觀點去看哲學只該是純理性的。他的分法與亞利斯多德的分法很相似，特別是形上學和本體論，但是其較差的地方，是將自然神學與形上學分開，而將它與宇宙心理學等列；這乃是由於他的唯理態度之故所致，他崇尚幾何精神，從普遍定義觀念到特殊而低級的觀念；而亞利斯多德則是由低級而高級，由特殊而普遍。

在教育意義上，亞氏的主張更便於教學。為此亞氏才以一切科學皆作為瞭解形上學之用。

至論康德的分法，更無足道，他拋棄了形上學以及其他部門，而只將哲學分成了認識，道德與判斷的批判論。

此外所謂實證主義或新實證主義，他們既不主張有哲學（形上學），更不會為哲學分類了。近來又崛起了價值哲學，對哲學從價值的觀點上，又另有新的分法，在下面我們將要把它歸納入我們的分法內，與整個哲學系統合在一起。

我們的分法　從我們上面對哲學本質所提出的各組問題，我們可以將哲學分為下列的幾組。

一：第一組問題，是討論知識的，我們稱它為知識問題。

在人類的知識作用中，如果我們要研究考察人的知識，首先應該注意的乃是什麼是知識的範圍與其基本條件。認識論就是研究這一門的哲學。知識內包括着許許多多抽象的或具體的原素，批判論就是為規定這些原素的眞正意義與其精確的價值而設立而工作的。它們的西文名字一個是：（Epistemology），另一個則是(Critic)。有的人將它們歸入形上學的領域，雖然也不無理由，但總以列於形上學之前為更適宜。

人是理性動物，有理性作用，有知識能力，同時也要擴充發展他的知識，而使它成為科學（廣義的）系統。這種活動，需要理性的恆久努力，還有，我們也很願意正確的運用，使理性思想言語順理成章，不至於東西亂撞，必該有一種學問，規定這種推理理性運用的形式定律，形式邏輯與數理邏輯便是專門作這個研究的。它們的西名是：（Formal Logic與Logistic）

我們理性生活與活動，並不是如同有些思想家所想的，只是向着空虛發展，不，它更是時時致力於與件—質料—實質的，批判科學或科學批判學，就是在知識的這一觀點下，研究人類知識的種種(Critic of

Sciences)。科學批判學的任務就是爲各種不同的科學，指定原則的範圍與價值。此外它還致力於研究，解說與使各種科學成爲完善系統的方法。

二：第二組的問題，我們知道是「有」的問題。

關於這一組問題的順序，有的哲學家認爲應當放在第三組的空間，也就是說二三組對調，法哲馬利旦(Jacques Maritain)就是作這種主張的一位。站在教育立場，這是無可厚非的，可是如果就哲學本質立場來說，則首先討論形上學，更爲合宜。

前面我們曾說過「一切」與「萬物」的意義。然而假使我們能夠觀察「有」或「物」的總和，我們便可以在每一個特殊的有或物內去考察一個觀點，由這一特別觀點，可以使每個特殊的有，進入整個綜合的一致性中，這個特別的觀點，我們一定並且必需地在進入這個綜合的整個元素中找到，也就是說，這一觀點，一定要適應整個綜合中的每一個單體：這樣說來，這一特別的觀點，一定是超越的。本體論或形上學總論(Ontology or General metaphysics)就是專作這種研究的。本體論在用這一超越的觀點，來考察萬物全體，纖毫無遺，研究所有萬物絕對需要的─就是研究如何使它們屬於「有」或「物」的最高而唯一的秩序。

這種研究，到最後，一定要達到一個絕對的最高峯，這最高峯就是萬有的最後根源，一切事物的最後原則，也就是神的問題，在神的問題中，可以找到「物」或「有」的秩序的全部解釋與適當的說明，這是說，有了神的這一境界，萬物的最後解釋才有了解決。本體論在神的哲學或自然神學(Philosophy of God)或(Theodicy)與(Natural Theology)的形式中，才得到它的成功。

三：第三組的問題是自然的問題。

討論萬有的問題以後，我們順理成章的要從普遍的進入更特殊的境界，從有的境界要進入具體的範圍。具體的說，我們在本體論以後，要研究的乃是那些擺在我們人類經驗範圍以內的特殊事物，同時也是構成宇宙萬有的特殊事物的基本組織究竟是什麼，自然哲學(Philosophy of Nature)對這一問題是負專門責任的，它要對這一問題予以解決。

自然宇宙是包括着各種不同而變化的東西的：有礦物，有生活的個體，有無意識的感覺物體，有有意識的感覺物體。說具體些，就是礦，植，動物與人。將這些事物，分類來作最後原因（包括在每種學術內的最後原因與每科以外的分類原因）的探討與研究，其構成分類哲學是：宇宙論（Cosmology），哲學生物學（Philosophical biology），哲學心理學(Philosophical Psychology）或名爲理性心理學（Ratio-nal Psychology）。這種心理學的主要部分則是哲學的人類學（Psychological Anthropology），其對象則是在研究人；是的，並且是研究整個的人，其觀點則只是着重在意識生活上，這一注意則是在反對笛卡兒氏將靈魂與肉體的過度分開。近代的哲學家們，很多都是在生命與存在一面，注意研究具體而完整的人，這種經驗形式的研究方式雖然很好，但總以在形上學中，尋求心理學的最後根基爲宜。

四：第四組問題是研究價值的問題。

價值哲學在傳統哲學中，早已有了基礎，不過在用語方面不同，分科的方面當然也沒有今天的詳細分明。今天的價值哲學(Philosophy of Value 或 Axiology)共分兩種，一種名爲價值哲學總論(General Philosophy of Value 或 General Axiology），一種名爲價值哲學分論（Speical Philosophy of Value或 Special Axiology），很自然地先應從價值哲學總論着手。這種哲學包括着價值的形上學研究與價值的認識與批判的研究。

價值哲學的重要，我們從它和人的哲學研究的比較中，可以看得清楚。從人的活動這一中心起，價值的研究應該走向兩個方向，並且應該是同時的。因爲人類的活動是可以用兩種方式去考研的，如果我們從人的活動本身去研究它，這就是說，人按照其爲人的活動的一面去研究它，（不同於動物的活動），我們可以看出來人的活動是自由的。因此在其間是包括着一個狹義的人格價值的。另方面，如果我們就人的活動力所生出的工作去看，我們可以從容的證實：人類的活動如果是在教育培養啓發人的本性裡工作，在人的本性上常常印上一種新的境界與新的價值，同樣在以自然爲對象，而向着自然界施用人的活動力時，也往往給自然界加添了一種新的價值與境界：人類的活動力改換了宇宙的面貌，而生出文明文化；由野蠻的原始狀態而進爲開化的境界，由文明而更進步，當然也不免有破壞作用，這則是因爲運用的不當，在價值意義下，我們稱之爲反價值。

道德學乃是以人類的行爲爲研究的對象，但這種行爲必需是發於自由意志與屬於個人人格的，其目的在指引人走向最後目的，具體方面的表現便是止於至善與獲得眞正幸福。首先是研究道德的普遍原則，人的最後目的，得到目的的方法等等，稱之爲倫理學或道德哲學(Ethics或Moral Philosophy)。在道德學總論以下，又有個人道德學或人格道德學 (Personal Ethics) ，討論個人對個人的責任，又有社會道德學（Social Ethics），討論個人對他人的責任，其中也包括着國際道德學與政治道德學。

人並不以相對爲滿足，很自然的趨向絕對，企望至善，因之，便很自然的觸及宗教價值的範圍了。這就是在道德學之外，另有宗教哲學的原因 (Philosophy of Religion) 。在這一哲學中討論的是宗教觀念，對象與分法，總之，宗教哲學不外討論人對天主的責任。這一哲學之起，起自十世紀的推理神學主義者，專門討論自然宗教，而摒棄了啓示神學，現在已經成爲一門眞正的哲學了。

專門研究人類藝術作品的哲學規律，我們可以稱之爲藝術哲學，或審美學（Philosophy of Art或Esthetics），藝術品是生產活動力之一，包括很廣，文學、藝術、建築都可以歸入藝術範圍。

談到人的生活動力，其範圍是很大的，美術而外，還有機械藝術，自由藝術，人類的生產活動力量，可以擴展到整個自然界的領域內，我們說自然世界，其意義是指物質世界，或者是爲從其中獲得力量，或者是爲給它印上美的形式。在普通所謂非人的物質世界而外，人的生產力量還可以向外擴展，比如可以向他人一面擴展，如果是爲了教育他，這便是教育哲學的產生(Philosophy of Education)，向社會一方面，他可以用無數的方式開展，比如在法律的觀點下，來組織並指導社會，這就是法律哲學或政治哲學，這也是道德哲學的一部份。此外，藝術在古代還與現代的技術意義相同，目前的自然科學內許多的分科，也都是技術科學，在它們當中，我們應該去尋找一個哲學基礎，於是科學的哲學或技術哲學便又出現了。

總而言之，在價值的界限與範圍之中，對人的活動力研究，就其與自然哲學不同的境界來說，我們要稱人類這一活動力的結果，構成的是文化哲學（Philosophy of Culture）。就是說從價值的秩序或境界一面，將眞正專屬於人類社會，個人的活動，引到自然界內，而作一個哲學的研究。

我們前面說過價值是可以引歸到「有」的，因爲價值不過是有的附屬特徵。那麼價值的一般哲學在本體論中是可以有其他地位的。那麼有關研究各種價值的哲學，也可以與自然哲學聯結在一起，特別是可以與人類哲學相聯。

總結　普通人們總說道德學與藝術哲學乃是實踐哲學，其他哲學則稱之爲思辨哲學，二者是對立的。這種說法是否合理呢？我們應該詳確的規定與說明一下。

哲學的一切學科，沒有一個例外，就它們的形式對象與方法的理由去看，它們都是思辨的。因爲它們部是從基本的原則獲得的自然知識，在本質上乃是知識的。如果說道德學與藝術哲學是在研究人類的活動力，所以是實踐的，那麼又那些哲學不是人類活動能力的研究呢？須知，道德學與藝術學之所以如此，人的活動能力之所以活動，並不是為實踐，而乃是為哲學地認識它們。這樣，我們說實踐哲學並不是說他單純的是實踐哲學，而是說它是「實踐」的哲學，或者我們說實踐的意義，並不是與學理思辨相對立，而只說它是討論「實踐」的哲學。

但是我們又該知道，這種哲學研究的企向，乃是要我們認識管轄人類活動的規矩準繩，在這種意義下，我們說那些規矩準繩是用作實踐的，因而才將這種學理的哲學稱為實踐的哲學。此外，因為這些規矩準繩是討論實踐的，對這些規矩的認識，其目的是為了付諸實行，這種認識也可以說是實行的方法，而根本上是依據了行動的，為此這種哲學在形式上成了實踐的。

因為這種討論人的活力的哲學研究，是着重在人活動能力的實在性，其方法與應用不與研究客觀存在在自然界的事物相同，為此，我們又可以把這名為實踐哲學的人類活動力的哲學，列在根本不同於論「有」的哲學之列。

從以上所說，我們知道討論人類活動力的哲學，在本質上是思辨的，在本質上並不是為了研究工作實行，因之也不說如何執行這些規條，而只是為了認識這些規矩章程，並用根本的原則去加以解釋。不錯，這些規矩是可以見之於實行的，然而這種用到實際上的實行，在純哲學的觀點去看，乃是偶有的，外在的，不歸於哲學本質。

最後，我們可以說，現在我們已經明瞭：哲學的範圍是如何廣大，它包括整個的有以及其價值，也可以包括全部自然以及人為的文化問題。研究起來，絕不是我們這短短的哲學概論所能將事的。甚致連全部問題，我們也沒有能提出多少呢！

第三編　哲學生活

人未有生而知者，所謂生而知者，並不是生下來就有知識，而只是有知識的能力，西哲說：人生來不過是一塊白板（Tabula rasa），人的初生時，在腦海裡什麼也沒有寫着，所以沒有一個人，如果不加學習，絕不可能有知識—無論是科學知識或哲學知識—，爲此我們說沒有一種知識是天賦的，最低限度，就自然律講，是誰也不能否認這種說法的。人既然沒有天賦的知識，那麼小縱小的知識，也一樣是學習得來的，學習了相當階段，自然也可以由思想來獲得新知。人之生蓋如也，及長、因爲才能、工作、環境的不同，於是在智慧一面所獲得的發展與成就自然也是各異了。爲此，人與人之間的知識造詣不一，國與國之間文化水準各異，代與代之間的學術程度無同。在科學上如此，在哲學上自然也不例外，我們可以說在任何學術，都難免有這種現象。

人類的學術思想生活，與我們人生的普遍原則，是有着實在相似的地方。人生是逐漸進步的，思想生活也是如此；人生雖然就其單個來講是有盛衰，死亡的境界，思想生活也有同樣的現象，但是就其整體來講，人生乃是連續走上更高的境界，而思想生活也一樣是企向着至善，並且也總沒有止境，這就是古人所說的「知也無涯」！爲了使人類延續，一定有過去的憑藉，爲了使人類思想生活前進無已，也不能不接受過去的思想遺產，而予以發揚光大；如果只是接受，只是墨守，或者只是將它們束之高閣，或者只是食而不化，這不能算作眞正的思想生活，爲此我們要想度着名符其實的思想生活，我們一定要認識前人的思想生活，會選擇，會運用方法，繼續哲學思想的發展，這便是我們第三編的目的。

第十章 前人的哲學生活

對前人哲學生活的兩種態度 哲學思想，誰也不能否認，它是人的思想，人是與時代有關的，那麼思想，哲學自然也不能例外。哲學的發展，雖然要憑藉着前人的遺產，但是它的眞正生活，都常是循着一條不能重演的路線前行：每一個時代都有它自己原始現象，承前啓後，絕不能憑空而來，憑空而去。比如康德的思想乃是十八世紀的德國產物，他雖然受了萊勃尼玆與休謨的影響，但絕不是萊氏與休謨的思想，而是康德的思想，同時也不是紀元前四世紀希臘、印度、中國的思想，並且在這個世紀的世界，也絕不會以同一方式，組成這一個思想體系的。

爲此，研究哲學，研究前人的哲學生活的成果，不外用兩種態度，或者說兩種方法。一個是以哲學家的態度，一個則是以哲學史家的方式，以哲學家的態度來研究旁人的著作，並不是爲了發見前人思想的究竟，也不是爲了從中尋找自己的思想，因爲哲學家的本色，是用自己的努力，去發現尋找一切事物的基本原則。爲此他研究前人的思想，著作，乃是爲使用他們的研究，協助自己來發現事物的基本原則，如果在他人的著作中發現了自己要找的眞理，那麼他便可以省去許多麻煩；如果他發現了錯誤呢，這也不是什麼應該大驚小怪的事，並且爲他還有很多的利益，他可以避免自己陷入同樣的錯誤。他研究他人學說的目的，是爲判斷這些學說的價值，認爲它們是眞的或是假的，如果認爲是假的—儘管在客觀上是眞的，很自然地，他也要當作假學說一樣的拚棄它們。

哲學史家研究前人思想生活的態度，乃是把它們當作一個不能重演的事象，一種過去的事實。他設法將前人的著作，在歷史一去不返的過程中，給它們一個適當的地位；他希望每個著作的個人姿態與本色找出來，並就這部著作的產生時代，所有的環境等等間架去研究它；他尋求這部書籍，這一學說與過去的關係安在，他發掘這一學說對當時或對後來的種種影響如何？史學家在這裡要鑑定每部思想著作的存在、來源以及它的眞正內容，然後就可以看出對人類活動的反應，並可以正確地指出人類思想生活的潮流、時期、以及其轉捩點。

研究的方法或態度雖然有兩種，然而不用說，這兩種方式應該是齊頭並進，相輔而行，認識各個學派的歷史，是獲得思想系統的一個有力的協助，也是度哲學生活不可或缺的一步。同樣，具有眞正的哲學教育，對一位哲學史家，也是非此不可的要素。

我國前人的哲學生活 我國前人哲學生活，雖有人認爲分兩期，卽上古時代與經學時代，但就思想變化過程細細去看，我們認爲還是以三期較好。一：如果我們從詩書以及部分的易經爲我國有載籍以來的思想生活開始算起，那麼我國哲學思想生活可以遠推到紀元前十二三個世紀。在這些古書內，我們可以看見這時的我國初民，是信仰唯一的神，給他的名字是天或上帝。他是萬物的造生者，是善惡的賞罰者，相信人有靈魂，所以才有「文王在上，於昭於天」的詩句。世界的構成，認爲是太極而陰陽，由少及多，變化不已；而又有不變者。這種種信念，人們都說它是宗教的，但是我們都找不出天啓的字眼，那麼既然不是天啓的，則是由人們的推理而來，也就是由人們的思想，作思想的工作得來，雖然沒有像西洋哲學，經過嚴格邏輯推論的步驟，但却不失之爲哲學的思想，萬不可像馮友蘭一般人主張：認爲不經過三段論法的思辨，推理，結論而得來的思想，便不是哲學思想，便應該在摒棄之列的。

我國哲學思想的全盛時期，當推先秦，以前有許多歐洲學者，認爲我國的思想因爲是與宗教聯結的，只堪稱爲信仰，並不堪稱爲思想。還有的人認爲我國先秦時代的思想家們，大多是倫理學家，他們所注意的事情不過是如何管理人的行爲，也是說不過只是注意道德政治，並沒有深湛思想。第一個疑問，我們已經說過，我國古代信仰並不是天啓的，是自人性推理而來的，那麼與宗教聯結與否並不害於成爲哲學思想。關於第二問題，如果我國只有孔子思想，這樣的批評還可以說不無理由。但是如果談到老莊的形上學，墨經的知識論，則思想不深湛的話便無從說起了。

孔子的道德思想，政治學說，是以仁爲本，而仁則本於天，孟子除仁以外，又進而提倡義，並主性善之說，荀子的邏輯論，心理學以及性惡說，也多有獨到之處，由孔子的邏輯論，心理學以及性惡說，也多有獨到之處，由孔孟荀而構成了儒家學派。孝經的論孝，大學的明明德，親民，止於至善，再進而分爲八條目：格物、致知、正心、誠意、修身、齊家、治國、平天下。對整個的學術，劃成了一個有條不紊的系統，爲中外所罕見，如果有人進而發揮，這將會是世界思想中的一個新系統。中庸的天命之謂性，率性之謂道，修道之謂教，講中庸，講誠，正與西洋的最高思想，不謀而合。總之儒家的人生哲學是含有最多的人生眞理，是修養的最好路徑，是絕不可因爲它的淸明易懂而忽視它的。

老子與莊子的思想，可說是我國形而上學的思想；他們的體系，是以道爲萬物的最高原則，以無爲萬物之始，以有爲萬物之母，以德爲變化之能力，以無爲最高之作爲，也就是說以不動爲最高之動的境界，道爲萬物最高之原則，而道又在萬物之中，生化不已，與易經之太極陰陽，有異曲同工之妙，老莊的本體論，可以說是動力論，但更好說它是汎神的進化論，好似是將西方哲人巴爾買尼德與海拉克立特合而爲一的學說一樣，列子書中也含有道家思想，但已不若老莊的重要了。

此外像墨子的社會思想，兼愛，非攻等學說，以及他的知識論，都値得我們的研究，至論法家若管子若韓非子的法治政治學說，以及惠施，公孫龍子的詭辯哲學，也都傳誦一時，等到秦朝統一而後，思想中衰，漢武帝定儒家爲一尊後，各家皆亡，所存者獨有儒家學說，但除去有董仲舒與淮南子而外，學者多墨守成章，哲學生活可以說是非死則眠了。

二：佛學東來，在我國又開始了另一個思想系統，先是在南北朝時，我國因爲政治的空氣太壞，學者多走入消極，老子，莊子的人生思想，正是在開啓着這個路線，在這個朝代，陡然興盛起來，佛教在這時代，傳入中國還不太久遠，想在我國生根，一定要從適應方面着手，老莊的學說，正與佛教哲學相近，且正值興盛時期，於是佛學家們便採取了老莊的哲理，把它們融合在自己的思想內；此外，我們還要知道，佛教思想在印度，大乘之說，並不太有力，而在中國者則特別廣傳而深邃，除受道家思想影響而外，還有希腊與波斯思想成分在內，波斯思想在早期卽受了希腊影響，而佛教傳入波斯又採取了波斯的思想，宏傳大乘而再傳到我國。

佛教傳入中國，在思想上當然影響了後來的我國思想，可是它一樣也接受了我國思想影響，這是一件不可否認的事，特別是在禪宗一派的思想上，更是中國佛教思想上的精粹，大家都知道這一派的哲學是：「不立文字，教外別傳，直指人心，見性成佛」，從自己的心內發掘眞理，眞理卽在心內，不用文字，不用口傳，所謂「道（卽眞理）本圓成，何假修證，人人具足，個個圓成」，而主頓悟，而重心印，這是地地道道的唯心論者，佛教思想本是唯心，而儒道思想，到了最高境界也是神而明之，不可言，不可言，兩種不同的唯心論，合在一起，生出了中國式的佛教思想；中國思想，雖近唯心，但是這個能思想又能決定唯心者的人，則不是空虛，不是幻無，加之中國思想更重人生，以人生爲本，以幸福爲宗，唯心而並不反對自發的實在論，主張最後應有一實在，於是將佛教思想中的集中力量消滅自己的工夫：Samadhi譯爲「靜」，而這一靜字絕沒有指意說是消滅自己，同時又將涅槃 Nirvana（本指消滅的境界，卽英文的（Annihilation）的意義，變爲西方極樂世界的實在境界，佛教哲學是逐漸的傳到了中國，其間原有的思想所有改變之處，這原是不可避免的，不過這種發掘工作，是屬於比較哲學的工夫，是一個浩繁的工作，在這裡我們是無法詳細討論的。

總之，佛學東來，無論怎樣去看去說，在我國原有的思想內，總是加入了許多新的材料，同時給中國的思想內，也灌輸進來了一股新生力，因而開啓並完成了後來的宋明理學。

三：先秦思想衰落後，儒家雖被尊爲正統思想，但是在同一的時候，它便進入了多眠狀態，唐代的韓李，不足成家；到了宋代，始有滙合儒釋道三家思想精粹，而仍以儒學爲宗的理學出現。先有邵康節的太極陰陽，而有宇宙實在界屬於心的說法，再則有周濂溪的無極而太極，太極之力爲內在的，因之動而生陽，靜而生陰，最後而人極立焉，而聖人出焉，而天下治焉，濂溪而後，有二程出世，將宇宙與人統一，取消了古代的二元論，統一這大宇宙與小宇宙（人）的乃是一個理學，張橫渠主張絕對的一致，朱晦庵到可以說是集宋儒之大成，完成了一個相當完備的思想體系，也可以說完成了宋儒思想的一個形上體系，創出了一個認識的宇宙本體論，再從這本體論中推及到人事與政治，無極亦太極，太極卽無極，無極與太極乃是大自然（或絕對）的兩面，對於存在的事物，它們同時是超越的與內在的，這是說無極與太極在物之上而又在物之內，精神與實體（卽理與氣）合一，這正和印度哲學：絕對「梵」同時是完整的自立體（Atman）與普遍的韻節說相似，「太極或無極，由理(形式)與氣(質料)而變化—這也與印度哲學的Dharmas（中文譯法字，不太當），爲「法」同時也是物的「本質」，而構成萬物的主張相同。朱熹是不大承認有位格的神的，他的學說，我們可以稱之爲唯物論。他主張性卽是理，但不承認心性爲一，陸象山則反對朱子的這一說法，他主張「心卽理也，此心此理，不容有二」，這與奧義書，又頗相同，後來王陽明就採取了象山的路線，也歸納了佛道兩家的直觀主義，主張眞理即在我心，心外無物，因而再進一步主張致良知，主張知行合一。到了清朝，因爲文網太嚴，大家多重考據，思想之學，遂不大發達，若顏李之學，若戴震之學，皆不足以成爲完整的體系；到了近代，西洋哲學侵入，所向披靡，但因爲介紹者認識不深，又多偏狹，所以未能發生良好影響，新的思想沒有建設成功，舊的體系，幾乎連根拔起，造成了思想上的眞空，共產思想遂乘機潛入，稱霸於思想界，而終至赤化了大陸。痛定思痛，遂又有中國本位思想運動的出現，於是中西相爭，各持不下，其實所謂中國本位思想，骨子裡也多是思想糟粕，什麼人文思想，理想主義，還不是新康德，新黑智爾主義的化身嗎？這並算不了西洋思想的正宗，也不足以重建我國的思想，其實眞理之爲物，本是不分國籍，天下爲公，絕非一個民族所能把持與排拒，中西思想，各有所長，截長補短，融會貫通，實爲當前之急事，願我思想界注意及之。

印度前人的思想概況　印度哲學之起，起自吠陀經，約在紀元前一千八百年；更進一步之哲學思想，則可以說是在奧義書中，這也是在紀元前一千年的事，其延長時間，則是到紀元後第十六世紀末。從回教闖入以後，印度的哲學思想，可以說是整個被扼殺了。等到英國滅亡印度，文化中心，一概消滅，更談不到哲學思想了，現在印度雖已獨立，哲學思想已在胚芽，但蔚爲一家，恐怕尚須有待。

以面積來說，印度哲學可說是傳遍了亞洲，至少是東亞方面，佛教的廣傳，就是我們這樣說法的一個證據。

我們說印度哲學的起原是與吠陀經有關係的。是的，吠陀經，很多印度人一向視爲是天啓的書籍，在積極方面，印度的哲學，有的算是接受並註釋吠陀經的思想；在消極方面，有的哲學在拒絕並反對吠陀思想，在印度哲學的道理與本質方面，就是說印度哲學的基本問題，常是環繞在生命問題和罪惡問題上（也可以是澈頭澈尾的悲觀主義）。實在性乃是現象的，夢幻的，痛苦的，奸惡的（可以算作現象主義）；眞正的實在性乃是統制一切的絕對（各種的汎神論和無秩序的一元論）。印度哲學消滅了物理宇宙的價值，沒有完成一個有機，無機與歷史的宇宙的哲學體系，因之藝術，科學與歷史也減低了價值，理論的中心並不是「有」，而乃是「變」；特別在道德與宗教觀念之下乃是行動（卽業，梵語謂之爲羯磨）。業是絕對（梵）與相對（Atman 自我）的媒介：也就是神與經驗我的媒介，業之一字於是成了印度生活與思想的關鍵，印度哲學的目的與企向是在於從痛苦與罪惡中救出（解脫）人的精神：而解脫的獲得則有賴於通神與邪術的實行（曼特羅涅槃，瑜珈）或者更好說是由於默觀與道理。

從以上區區，我們可以看出印度思想與西方思想的基本區別，印度思想的起原是宗教的；內容是變的問題，目的是爲解脫；而西方思想則是起於求知，內容是「有」的問題，目的是爲解決一切的最後原因。現在我們再較爲詳細的寫出一點印度思想，分爲正統派，異端派，反應派以及新婆羅門和印度主義：

一：印度人稱哲學爲 Darsana（見，亦卽看見眞理之意），同時對哲學上的派別，也是用這一名詞來稱呼；印度思想，我們首先可自吠陀經中看到，吠陀有四：梨俱吠陀，夜珠吠陀，沙摩吠陀，阿闥婆吠陀；以梨俱吠陀爲最富哲學思想，梨俱成書約在紀元年二千年至一千八百年之間，爲印度最早的一部書。書中對我們已經談到神明，但神並不是超越之物。在有神之先，只有陰暗而已，只有渾然而已，從此而生出分別與指定，從這渾然之中，有一個媒介：達巴斯，這個相似人在意志內所有的力量，也如同一個生殖的能力，這個觀念的特殊點乃是在其觀念的特徵上，而不像其他民族的神秘典型。

在梨俱吠陀的最後，我們可以發見世界出生的神話，它乃是一個原始神的分裂的碎片，其特殊點則在於有象徵意義一種重覆不斷的印度式的祭祀，印度祭祀是沒有奉獻特徵的，只是一種魔術效果的象徵行爲，祭祀由於禮節關係，在印度表示着天啓，對一切的最後問題的秘密知識，印度哲學認爲都是天啓的，並且這種天啓也只有婆羅門才能得到，這就是婆羅門高貴的理由。

其次從梵書中我們也可以看到印度的思想，這是後於梨俱的一部書，在梵書中已經有了最高造物神的出現，名字是波拉巴地（Prajapati）。雖然在開始時也把它人形化了，但後來却用一個純觀念的本質說出它來，梵是一切物的最初原則，從梵之中生出了許多數量與形像不同的東西，梵並不是一個與其他事物相連的物，因爲它還沒有數與象，但是特別的事物，由於它們是梵的數與象而與梵相連。爲此，在萬物中有梵，一切深入梵中，好似鹽的化於水中一樣。

那麼梵（絕對）也在我（相對）之中。從此，而沒有主體與客體之分，在我之中主體與客體整個失了它們的二元性。爲此，人的達到神，也並不是由於祈禱的路子，而是在我的深處，由於一致，由於分別，有意識的消失與神合而爲一。

從梵書的時代或從奧義書時代，就有了靈魂輪迴的學說，靈魂的輪迴是受人的行爲的支配的，好行爲使人轉入生命程度更高者的身體，壞行爲則轉入生命的程度更低者身體內；由於輪迴的學說就生出了解脫的道理，爲了避免輪迴，便有了梵我合一的方法，解脫是得自一種直觀的智慧，使我失去了與「梵」有分別的觀念，這一道理在奧義書中，更爲完備。

奧義書是在研究人如何能對最後最高的實體有完整的認識，而得到解脫，這最高的實體就是梵，是唯一的實體，而我則是變的，世界乃是夢幻，世界使我們向惡、犯罪、欲生、欲福、業（羯磨）乃是我們一切可憐、夢幻、無明、貪戀世界的眞正原因，智慧使我們可以瞭解我與世界爲一，並企向梵，但總不能達成佔有這一最高的實有的境界，必需「我」得到神秘的直觀，而再與智慧的對象合一，才能得到眞的解脫，而達成了我即梵的境界。

二：以上我們說的是正統派的思想，現在我們要討論一下異端派了；異端派起自紀元前八世紀和七世紀，當時在正統派已注入神秘智慧（奧義）與苦行生活（瑜珈）的方式中，這兩種方式並不是相反的，很多時候是集於一個人身上：預言者（Rishi）很多次也是苦行人（Yogui），而反動的力量則引到了革命：剎帝利（戰士）起來反抗祭司（婆羅門）。但是這一革命並不是流血的，只是在原則與意見上的改正：以一種虛僞的唯理宗教代替了祭禮的形式主義：以無神代替了多神：以嚴格的倫理代替了婆羅門的僞善，否認吠陀的天啓特徵，而建立自己的經典。

耆那教：耆那教爲馬哈維拉（Mahavira or Vardhamana）（五四九—四七七紀元前）所創立，他提倡的是集體苦行主義，後來將他的教義也編纂成書。站在知識觀點去看，他主張的是二重知識論，一種是完備的知識，即直觀的；一種是不完備的知識，即推理的，站在形上學的觀點上去看：他信仰的是一個唯物的，原子的，無神的二元論（物質與精神）；在倫理的觀點去看，他主張乃是一種嚴格悲觀的苦行主義，其所焦心勞思的乃是求得解脫。

耆那主義並未能廣傳各地，現在印度約有中產階級信徒一百八十萬。

佛教：佛教的首創者是釋迦，他也是反抗婆羅門教的一員；他的教義是理智的，現象的，道德的，反形上學的，反苦行的無神主義，他的苦行只是否定的苦行，就是取消生的慾望。

佛教的教主認爲人生是苦的，而苦的由來則是由願望與無知，消除病苦在於消滅慾望，共計有八種方法（八直聖道），可以使慾望消除：正直的信仰，意願，思想與言語；正直的行爲（業），努力，以及生活的正直行動，和精神正直的集中，用佛教術語來說則爲正見，正思維，正精進，正語，正業，正命，正念，正定，眞正的解脫乃是達到涅槃。

到了紀元後第七世紀，原形的佛教（小乘）轉成了大乘，也就是從特殊的自私教義，轉而爲利他的普渡衆生的教義。

三：正統派的反應：佛教起來之後，曾一度風靡印度，但不久便引起了激烈的反對，正統派又創出許多教派，與吠陀和梵書的古傳統，再接連起來，這正統的反革新的教義內容，大都包括在經（Sutra）中，在這些經書中，我們可以看出悲觀，苦行，解脫的教義等等大論題的插入，與古經書傳統合而爲一，來反對佛教，共有六派：

彌曼撒與吠檀多派：按彌曼撒（Mimamsa）即第一研討之意，此派承認的是一個完整的內在主義，依照吠陀？眞理與法律的行爲是不能錯誤的，思想是內在於物中的，物是在於行爲中，行爲是在於不能錯誤的吠陀言語中。

吠檀多（吠陀之終之補）又稱爲（Uttara-Vedanta 即第二研究），他們是正統的梵教派，他們像奧義書一樣的主張一種實在的汎神論，事物的繁多，不過是唯一實體的表現而已，這唯一實體乃是梵—我，一種不可言不可定的普遍體，後來又爲撒加拉，拉馬奴亞，馬那瓦等所宏傳。

瑜珈與數論派：瑜珈是最名貴一種苦行派，他們主張以肉體與精神的苦行習練，來打倒並統制自己，進而得到統制萬物，與最後解脫，這一派的目的只是傲的表現。

數論派（Samkhya）透過現實性二元的形上系統，主張一個利用認識方法來解脫的理論，它和瑜珈論的分歧是在於智力的天性。

吠世史迦與尼牙亞派：吠世史迦是論識別的意義（Vaiseshika），這一派的學者認爲要得解脫，必需將構成實物界的元素分開。意（Manas），精神（阿特曼），與各種原子（水，火，氣，土），各自獨立，不相混淆。

尼牙亞（Nyaya）是前派的原子物理派，他們主張形式邏輯，並承認它的價值。

四：新婆羅門與印度主義：婆羅門在戰勝佛教之後，感覺實有與民間敬禮相携手之必要，於是印度哲學思想的衰落，就成了不可避免的事了，婆羅門派的這樣行動，自然就作了一種宗教的大滙合，在古婆羅門主義上，引進了對巴格達神的位格敬禮，新興的宗教，後來又策動了神哲學的氣態，從十二世紀始，印度主義又出了若干名流學者：撒加拉，拉馬奴亞等都是。

歐洲前哲的思想生活　歐洲的哲學生活，我們也可以並且應該分成三大時代，即上古中古而再到近代。

一：希臘羅馬時期：紀元前六世紀，希臘哲學才開始出現於歷史中，以達賴斯（Thales）爲首。希臘人理性生活很强，他們看見物質世界的凝聚，看見事物合法的變化，他們感到有知道其眞正原因的必要，先有用經驗解決的伊和寧派，他們主張一切變動的事物的根基爲水，爲不指定，爲空氣、爲永恆的變，在這樣的解決以後又有以理性解決的哀來亞學派，畢達哥拉可以算作這一派的先驅，他認爲數字是物的成因，而巴爾買尼德則認爲一切只是有，有常如一，唯一必要而不變，爲了調合這兩派的相反，遂有了物理的解決，即原子論，這已進入第五世紀（紀元前）。他們主張運動是實在的，實在乃是來自「有」。有爲原子所組成，原子是物質的，同質的，不可分的，永恆的，永動的，以形與位不同而相別，宇宙究竟如何？派別紛紜，無法解決，於是而生出懷疑論，物之如何，惟以人爲標準，高日亞的名語乃爲：世本無物，即有，我們也不能認識，即能認識也不是可通傳給他人的。

希腊哲學到此地步，眞可說是衰落了，但不旋踵間，又崛起了蘇克拉底，柏拉圖與亞利斯多德，希腊哲學遂走入高峯。蘇氏生年爲四六九，死年爲三九九，他承認眞與善有最高權利，有客觀價值，無可否認，人人皆應尊重，柏拉圖的中心思想是他的觀念世界，我們可以將他的思想撮要如下：我們的科學（古典意義的）的固有對象是觀念的實在世界，感覺世界不過是觀念世界的影子或抄襲而已。從這裡我們可以看出柏拉圖思想的兩部份．一份是關於理智世界的，是用辯證法（不是馬克思的辯證法）來研究，是眞正的科學，另一份則是有關於感覺世界的，只不過是意見而已（非眞知識）。亞利斯多德的哲學思想，可以說是完全中庸的，他解決了物與變的矛盾，也澈底調合了理智與感覺的衝突，他一方面是柏拉圖的繼承者，另一方面他又是柏拉圖學說的修正人，而創出了自己本有的學派，他創始了理則學與認識論，主張觀念並不是實物，只是有形事物的抽象，他認爲「有」的構成有形式與第一原質二個原則，形式是給原質指定的，而原質則只是能力（可被指定的原素），變的問題，就此可以解決，每一實物皆有自立體與依附體兩面，依附體是必要的連結在自立體上，始有其存在，他主張物是有其動力的，動力且是向着目的走，爲此我們可以說他的哲學是目的論，他肯定人有靈魂，故此才生出了心理，社會與個人的道德學政治學，人也是有目的，最後目的便是天主，是人的命運的最後終結。

亞利斯多德以後，希腊哲學進入衰微，有斯多噶派，有伊壁鳩魯派，斯多噶派的基本主張是：一種努力或緊張的倫理學，爲達到最高的幸福這是必要的，而這最高的幸福則只是在理智性的生活中，羅馬的哲學家，色奈加，馬克，與來利都屬於這一派，伊壁鳩魯與斯多噶派相似，但是他不主張努力，而只是順其天然，將最高幸福放在感覺的快樂中，羅馬魯克來斯（Lucretius）也是其中之一，以後又有折衷派以西滿羅爲首，畢龍的懷疑論，新柏拉圖主義，則以蒲羅亭殿軍。

二：天主教與中古思想：天主教雖非哲學思想，但很快的就影響了哲學，並興起了哲學的研究，從第二世紀開始，先有護教教父，後又有所謂眞正的教父時代，以聖奧斯定爲頂點，在東方（卽希臘系統）有哦賽比，巴西略，納西盎與尼斯（Eusebius，Basilius, Nazianzenus, Nyssenus），他們追隨着天主教哲人哦理眞與柏拉圖派，此外還有所謂安弟約基派，亞立山大里派，以金口若望爲主要代表。

第四世紀以後，新柏拉圖主義對教會哲學的影響最大，到第八世紀，回教佔據了西方許多地方爲止，以後的東方教會哲學，就進入了拜占庭系統之中。

在西方（卽拉丁語系）以第四世紀最爲興盛，有喜拉利，有盎博有聖耶羅尼（Hilarius, Ambrosius, Hieronimus）等人，而以奧古斯定爲魁首，他的中心思想，我們可以歸納如下：神的眞理是唯一的完善原因，直接可以解釋萬物，無論是它們的本性或行爲的何種狀態，神的眞理都可以對它們予以解釋，在他的哲學中，我們可以看見他描寫萬物是天主創造的工化，萬物皆來自天主，這是他的形上學，他的倫理學則是說人的幸福是佔有天主，煉淨的靈魂上升到天主前，天主是一切眞理的根原。

第五世紀到第九世紀是過度期，士林哲學在孕育着：有波哀斯，有哀利武熱（Boetius, Eriugena）更有許多學校的興起，到了十二世紀又有龍巴爾出世（Lombardus）不過我們要說明的是在這時期，仍以奧斯定爲最高權威，亞利斯多德的哲學則在波哀斯中可以看到。

十二世紀，士林哲學才算眞正開始了，先有安瑟爾莫（Anselmus）倡之於先，後更有阿伯拉爾（Abelardus）爲之繼續，加之阿拉伯與猶太哲人對希臘哲學翻譯並註解的供獻，士林哲學集攏了各方的素材，隨後就達到了高潮。當然這時候的士林哲學並不是統一的，有的以柏拉圖主義爲主，更多的人則以亞利斯多德爲歸依，當然也加入了許多別的因素，萬能博士亞爾伯是亞利斯多德哲學派的服膺者，他並且剔去了一些錯誤，但是並未能臻於完善，多瑪斯則是將柏拉圖與亞利斯多德治爲一爐，而成了一個最完整的學說：他的形上學的根基是建在現實與潛能上：一切的「有」無論其爲最高「有」或任何一個本質（潛能），都分別地獲得「有」的現實；同樣，一切的有限有，都是由自立體與依附體組合而成的，形體則是由形式與原質而成，他的哲學方法是自經驗開始，而由主動的抽象得到對物的認識，從此可以推出神的存在，並以神爲人的最高等幸福；人有靈魂，其道德生活則是人對已對人對神的關係。多瑪斯以外，又有文都拉，培根羅哲爾，司各德（Bonaventura, Roger Bacon, D.Scotus）等名字，此後又有名目論出，士林哲學，逐漸浸微，迨文藝復興之時，人們多重視文學，藝術，人文，而對思想不感興趣，士林哲學已告奄奄一息，而以徐亞來斯爲殿軍。

三：近世哲學：近代哲學之起，在英國以芳濟培根爲首，在大陸則是笛卡兒開山。培根着重經驗，造成了英國後世的經驗主義，笛卡兒又恢復了文藝復興時代失掉的形上學精神，但是却充滿了數學方法，他認爲一切眞理都是從默想自我中生出「我思我即在」，誰都知道這是他的名言，只有默思自我，不用外在的任何幫助，不用權威，不用傳統，不用經驗，就可以獲得一切眞理，十七十八世紀的西方哲學家，都受了他的影響，無論是正面的，反面的，反正他們的思想體系都是笛卡兒派的開展。

最先，根據他唯理原則的邏輯，笛卡兒主義就轉入了汎神論，轉入汎神論之先，先有了馬來勃朗士的機會主義。在十七世紀末葉和十八世紀初葉，不錯，有好多的哲學家公開反對他的基本原則：在德國有萊勃尼茲，拋棄了笛氏機械論的講法，而採取了動力論，而走入了唯心論；還有英國的經驗論者，像霍布士，以及十八世紀的許多英法哲學家，雖然極力的攻繫笛氏的先天觀念說，但是這些道理的啓示以及方法都是屬於笛卡兒的。

英國十八世紀的許多哲學家，像洛克，柏爾克來，休謨以及法國許多哲學家，像大革命前的自由思想者們，都可以說是笛卡兒的徒弟。

到了十九世紀，從對笛卡兒的反抗裡，生出了康德的批判論，影響了十九世紀與二十四紀的哲學，康德否認形上學的可能，肯定現像，而物的本身是我們所不能認識的，關於判斷的必要性與普遍性不歸於物的本身，也不歸於認識的主體，而只歸於一個先天的純邏輯主體。康德而後又生出了費希特的實在性的絕對我，謝林的客觀的觀念論，黑智爾的絕對觀念論，在觀念論而外，與笛卡兒的影響連在一起，生出了實證論與實驗主義，最好稱它爲功利主義，更有科學唯物論，經濟唯物論的出生，十九世紀的末葉，在許多哲學派別中，又有新康德與新觀念論出現，還有其他尋找形上學的哲學思想運動，在這種趨勢中，有一個趨勢是要瞭解生命，唯生論因以生出，其代表人物有超人主張的尼采，有創化說的柏格森，還有歷史主義的狄利德，另一個運動是普蘭達諾的動力心理學，從中生出虎塞爾的現象論，從馬克絲，色勒的價値哲學與唯生論和現象論中，生出了一個更大而原始的思想運動，便是存在主義，有海德格，有賈斯伯，有薩特爾與馬爾塞，分爲有神與無神的兩派。

在這些思想系統以外，又有一個以中古哲學原理爲根基的新士林哲學在蘊釀，這種運動在一八五〇年前後興起，十九世紀末葉就傳遍了普世。由於邁爾謝樞機的努力，成立了魯文哲學系，士林哲學遂即爲外教哲人所周知，並且也發生了影響，這一哲學運動，本以多瑪斯爲主，但也不忽視其其他中古的西方哲人聖奧斯定的哲學思想，現在也復活起來，對於現代哲學問題，他們同情的研究着，並不忽視，在可能範圍內，還要加富自己的學說呢。

其他國家的思想生活　在上述的三大系統以外，還有幾個古國，也有他們的思想生活，這裡由於篇幅關係，我們只能約略一談。

一：猶太：猶太人信奉的是一神教，他們承認人的靈魂不死，承認來生，行善受賞，作惡受罰，到了紀元前六世紀以後，在猶太人中，產生了一些宗教哲學人士，像法利叟派，除了上述信念以外，他們認爲只有他們是受命解釋倫理與禮儀法的，又有撒杜賽派，他們否認神體的存在，認可天主的存在，但不承認他管理與照顧世界，人生的眞正目的是在世上享受物質的快樂。我們可以說他們是唯物論，自然神論與享受論者。再一種人則是日森派，他們認爲爲使靈魂升天，需要死，他們歡迎死，即是尋死也無不可，他們又認爲靈魂已是先肉體而在，因罪而被罰入肉體之獄。以上是最簡略敍述，他們的思想項目當然還多得很呢。

我們當然不主張猶太人的信仰是本名的哲學，但是它是一種思想，則無可否認，並且也與心理，道德等問題是有關係的。

二：迦太人：迦太人包括巴比侖與亞述帝國人，在最初他們也是一神論，他們相信最高神明，稱他爲哀爾。以後他們就墮入了多神論。即敬禮多神；他們認爲人生爲敬神，爲達到最後目的，應該修德行善，愛和平，對人要正義。

有一個關於在宗教哲學的問題，順便在這裡可以提出，即人類最初是一神信仰，然後轉入多神，進化論者認爲是由多神進化而至一神，這是沒有根據的說法，在初民思想史中，我們處處可以找到反證據。

三：埃及人：從埃及的歷史與最古的發掘中我們看出來，埃及人最初是一神教，後來漸漸墮入多神教，他們到更後的時候，簡直成爲萬有皆神教了。他們承認人是屬於神的，人死後並不完結。在紀元前第七世，埃及宗教思想更盛，他們認爲祭神的獸類也應在恭敬之例，到這時，對人死後的靈魂，他們也相信有輪廻之說了。修德行善，爲現世及來世享受福樂的必需條件。

從這些思想裡，我們可以看到有關神、道德與心理的要素。

四：波斯：波斯人最初也是一神教者，到了第八世紀，瑣羅多出生以後，始進而主張二元論。認爲有兩位最高神明：善神的名字哦爾木玆木，惡神的名字是阿里曼。善神是光明，是火，是草木，夏日，豐富，人種等神的領袖，一切破壞，罪惡能力則歸之於惡神。兩神戰鬪，互有勝負，最後是善神勝利。人性是善惡交雜，每人也需在善惡中交戰，去惡行善，才能得福，人魂是不死的。同時波斯這一思想，對西方哲學解決「惡」的問題，影響很大，到現在在西洋哲學史上，惡的解決還是一個問題。

關於前人的思想生活，到此爲止，我們不再多寫了。

第十一章　哲學的養成

哲學上的學派　在第二編內，我們已經提出了許多問題，當然未會提出的問題，還有很多，在討論解決辦法時，我們也曾提出幾個最重要的派別，現在我們提綱挈領，對哲學問題解決不同的比較重要學派，一一提出，但是因爲時間與篇幅關係，我們不能詳徵博引，只能一點卽過，但相信爲初學哲學者，對哲學的瞭解，最低限度，對哲學名詞的瞭解，是不無小補的。

人是自由的，能夠思想，同時我們又知道人的才能、環境、生活以及所接受的教育，生活的時代地域，又多相異，因之思想也就有分別了。對於許多問題看法不同的原因，大致是不外乎這些理由的。人類旣能有不同的思想與看法，對哲學問題的解決，自然也就不能全同，不能不有些分別了，這就是不同學派的所以出生，加上，「江山代有才人出，各領風騷數百年」，一說之起，有倡之者，也有隨之者，一倡一隨，不同的學派便要由出生而長大而傳播開來，於於在哲學史內也便有了它的位置。

下面我們要將哲學派作一次點將錄式的介紹：

一：一元論，汎神論，多元論，個人主義，自然神論或有神論（Monism, Pantheism, Pluralism, Individualism, Deism）。世界上的事物很多，在實體上各自不同，只有一個神在最高峯上，試問是不是只是一個實體（一元論），一個汎神，每個個體都僅僅是他的零件（本體汎神論），或者每個個體只是一種力量（動力的汎神論）呢？這是一個很重要的問題，解決了它，對全部哲學都是有關係的。亞利斯多德，士林哲學。萊勃尼玆都是有神的多元論者。印度哲學，新柏拉圖主義，黑智兒都是一元論者。一元論對實物界是一個迷人的講解，但是對於實有萬物的困難無法解決，並且還摧毁我們的全部感覺與知識。

二：客觀主義與主觀主義（Objectivism, Subjectivism），客觀主義承認萬物是自立的，是心外之物，不屬於我們的認識，我們的認識對於事物本身只是一種附加的。在形上學主張客觀主義的，有亞利斯多德學派，士林主義，斯賓諾莎。另一派則主張心外無物，物的實體只是心神的，主觀的呈現而已，康德的知識論，雖然承認有「本體」存在，但却不知道本體是什麼，就是屬於這一派的，因爲他承認時空等皆是主觀形式，休謨的經驗論，康德以後的弟子們唯心論，陸王的心外無物，即心即理，佛教的萬法唯識，都是主觀主義。這些都是不通的論調，因爲他們無法解釋，我們心神表象的被動性，我們不能從我們自已的思想中抽出來，我們自己也沒有辦法逼迫我們推知或表現一個非我的實體。

三：自立體主義與現象主義（Substantialism, Phenomenism）。自立體主義是承認有一個自立體或多個自立體存在着的，也就是說在事物的變化中，有一個或多個恆存不變的主體，這主體是存在於自己，而不依於他物的，作這種主張的有士林學派，還有斯賓諾莎。現象主義則主張只有現象的存在，一切實體都是現象，都是流動不居的，這種現象乃是我們的感覺經驗所能感到的事件。它認爲所謂自立體，所謂物的本身只不過是一個字而已。作這種主張的，古希臘有海拉克立特。近代則有休謨，司徒密爾，泰納，翁德，柏爾格萊，李包等，實在說，沒有一個或多個自立體隱在現象背後，我們只從變化的現象中，求認識不變的實體，這是不可能的，特別是記憶的事實是沒有辦法解釋的。

四：唯物論，不可知論與唯靈論（或名爲精神爲主論）（Materialism, Agnosticism, Spiritualism），唯物主義主張宇宙內外，除了形體的事物以外，並沒有其他的自立體，也就是說只承認形體世界，每個形體都是佔據空間的。勿爾夫說得好：「唯物哲學家乃是主張只有物質體或形體存在的人」。很自然的唯物論是反對神體的，是反對無形事物的，這一學派的哲學家，古代有斯多噶與伊壁鳩魯和摩尼派。中古時代有狄昂（David de Dinant）。到了近代則有霍布士，布克諾爾，與斯賓賽爾等人，至論當代唯物論則是受了實證論的影響，不用說誰也知道馬克斯是健將之一。未可知論者，是說如果有超物質的東西存在，我們也不知道，這一名詞創始於赫胥黎（一八六九年）；應用到神一面去，中古時代有蒲羅亭和麥牟尼德，近代的孔德，休謨也是這一類的人物。說形上學是無益的則是包吐溫；引用到一切自立體與絕對體上，認本體是不可知者，有孔德的實證論，斯賓塞爾的演化論，哈米爾頓的相對論，還有康德的批判論以及實利論與近代主義者都是。唯靈主義，這一名詞翻譯，實在不妥，這一「唯」字是下錯了，因爲唯字是排拒其他非他之類的事物或觀念的，唯靈論一字很自然的要引導人相信它是排拒物質的，不，它是承認宇宙內外有兩種實體的，一種是有形的，一種是無形的，也稱之爲神體，而以神體爲主，亞利斯多德，柏拉圖，蘇克拉德以及中古的教父和士林哲學家全體，近代哲學的笛卡兒，萊勃尼兹都信奉這種哲學，其他另一小支則主張唯有神（無形者）體存在，其人則爲柏爾格來，黑智爾。但是眞理是在承認兩者皆存在的學說中。在哲學上，我們可以從形體事物中證實神體：靈魂與神的存在，以後我們可以推知他們的性質與作用。並且這一問題如告解決，則關於生理、心理、倫理學的大問題，也便都可迎刃而解了。

五：機械論與動力論（Mechanism, Dynamism），這是兩個共有名詞，它們的下屬名稱很多，我們不必一一舉出了。機械論相信自然界的東西，都是物質（原子）相同的小分子湊成的。接受一種外來的動，而這些東西的所以不同，乃是在於每個東西的原子數量，與安排的不同，我們可以給它一個定義：機械論是一種哲學理論。它們用兩個原則來解釋形體世界的一切自立體，特徵與變動，這兩個原則就是同質的物質與轉移性的動。原子論者；笛卡兒，霍布士，馬來勃郎士，牛頓，十八世紀的哲學家，拉麥特利，亞郎培，公地亞克，伏爾太等，斯賓塞爾也是其中的一位。動力論是反對機械論的。它主張在事物的原則中有一個力量的存在，是不可歸縮於物質堆與轉移的動的。而這一個力量乃是非物質的，不伸張的，至於伸張（即事物的量）等現象不過是表面而已，這是萊勃爾尼茲的主張，在心理學派中有富葉（Fouille)李包（Ribot）等人，柏格森的生命的創力說，狄利德的歷史論，奧德嘉，烏那木諾，色勒的唯生主義（Historicism，Vitalism），（Dilthey, Ortega, Unamuno, Scheller），都是多多少少在這樣地主張着。此外還有所謂的形質論（Hylemorphism），也是動力論的一派，主張事物為二元的，一個是分別類目的原則，即所謂形式，與一個不指定的元素(即所謂物質)，物質乃是伸張與限制的原則。最後一說，比較更容易解釋事實，亞利斯多德，多瑪斯等皆作如是主張，還有許多稍有出入的解釋，總之，這一說法幾乎為中古的共同理論。

六：經驗主義，唯理主義或唯靈主義（Empirism, Rationalism, Spiritualism）。這幾種主義都是由於討論知識，觀念的起原而生出的。經驗主義又名為感覺主義，西名很多，有（Sensualism, Sensim,

Empiricism）等等名詞。其習用意義是說，除了感覺或經驗（感覺的經驗）以外，沒有知識的來源，也就是說只有感覺或感覺經驗的知識是知識，反對唯理論者，同時也反對生來有觀念的存在的學說，信服這種主義的學說古代有原子論派、伊壁鳩魯派、斯多噶派、到了近代則有英國的很多哲學家，像培根，霍布士，洛克，休謨，柏爾格來；還有聯想論者的：勃朗，哈特雷、布利葉斯特利。近代英國的實證主義（Positivism）：計有司徒密爾、赫胥黎、斯賓塞爾、詹姆士密爾、柏因；法國十八世紀的哲學家，實證主義的信徒：孔德，泰納、李特來、德國的翁德、李包，其後又有功利主義，直觀的經驗論，德國美國的維也納學派，現在又稱之為新實證主義，或者邏輯實證論，邏輯經驗論，名目論，英美兩國的新實在論，也都是這種哲學的主張者。唯物論，未可知論也不曾脫了這種哲學的範圍。唯理主義在哲學上也可以稱作唯靈主義，在這裡也是討論知識的來源。這種主義主張理智是高於感覺的，並承認在感覺以外，我們可以有抽象與普遍的觀念。柏拉圖，亞利斯多德，奧古斯定，士林哲學家，近代哲學家中則有笛卡兒、康德、古贊、萊勃尼茲。其間像亞利斯多德與士林哲學派，承認感覺之知也是可信的，它也供給理智知識的材料，沒有感覺，便不會有知識，但是理智之智却較感覺之智為高。像柏拉圖他們則主張感覺之知，不大可靠，還有像康德等則主張先天之知，也有主張唯理之知，即理智之外無知，也都失之太過了，總之，唯理主義（最好說理智主義），可以說是很好的一派，他們說我們的理智工作的精神性或無形論（即非物質性）的根基，是在於一種無形的實體，這實體便是靈魂，他是精神的，不死的，有了他，才有理智的知識。至論唯理主義的一派，否認有理智以上的知識，這已屬於神學範圍，此地我們不談了。

七：名目論（或唯名論），實在論，概念論（Nominalism, Realism, Conceptualism）這三種不同的學派，乃是為了答覆哲學上全稱（或名共相）的問題而產生的。所謂全稱問題，就是說我們的觀念（觀念都是全稱的，可以適用到許多事物上）與外界事物是否是有信實性的，也就是討論我們各種觀念，理則學上所說的賓位是不是有實在性的客觀性？名目論認爲全稱（共相）不過是一個虛名，而並不是一種精神觀念，不過只是一堆具體個體的單純代表，名目論者否認共相和抽象觀念的存在；有所謂邏輯的名目論：「共相卽聲音」，認爲邏輯不過是高等國文法而已，這是羅斯林的主張(Roscelin)；又有名詞論：認爲共相只是名詞，或是記號，並沒有實在價值，只是在我們的思想中。其後有唯物的名目論，像斯多噶派，霍布士；實證的名目論；有洛克，公地亞克，休謨，密爾，還有泰納與翕德。概念論認爲在我們以內有抽象與共相的觀念，就是說這些共相的概念是先天的，不屬於具體的對象，再說清楚些就是不承認共相在事物之先，或在事物本身內存在着，說它只是觀念的構成品，只是思想的固有工作或形式，不承認或不知道：觀念與實物間的符合性，也不承認共相有實在的客觀性。亞伯拉爾在中古時紀作過這樣的主張，上古時代希臘哲學中，這一學派的根子是有的，但明目張胆的討論，並沒有出現，康德與近代的現象主義者，也是這一派的餘續；實在論分爲過激與溫和兩派；過激派主張觀念比個體與感覺事物是更實在的，柏拉圖的觀念世界就是一個例子。應用到共相上，則主張共相是不繫於實物，它自己有具體的存在，有絕對的實在價值，與單體實物有同樣的價值，且共爲平行。中古時代有若干哲人隨此一說，其中以商博最爲有名（William of Champeaux），此後還有沙爾特學派，司各德，安瑟與柏格森，最後一派，我們可以稱它是溫和的實在論或溫和的概念論，主張有共相觀念，它是忠信地表達着不是共相的實在物。然而如何能使這不同的兩事相調協呢？實物是特殊的，不錯，但是我們有能力抽象的表達給我們；而抽象的典型也一樣能適應於一個或全體。試看我們的理智觀察抽象觀念，並將抽象觀念與特殊的事物相對照，觀念是可以實行在它們中間，卽是觀念與一個相關的事物相合，可以在一個事物中實現，自然也可以在許多與這一個相同的事物相合，這種抽象觀念對個體的可適應性便是它的共相性。四種說法，唯有最後一說最好且更合理，因爲唯名論與過激實在論都是相反我們最基本的常識的，概念論也不能恰當的講解觀念與實物的調和，溫和實在論的主張者爲亞利斯多德、大亞爾伯、多瑪斯、以及當代的新士林哲學家。

八：懷疑主義，信實主義與批判主義（Scepticism, Dogmatism, Criticism）這三派最主要想解決的問題，乃是知識的眞實性問題，也就是說我們是不是能達到眞理？眞理的根基究竟是什麼？懷疑主義的答覆是否定的，我們認爲不但不能獲得普遍與思辨的眞理，就是在二個句子之間，我也不曉得究竟那一個更眞實，古代希臘的懷疑派，像高日亞，布羅達高拉斯，印度佛敎的一部分哲人，我國的莊子，惠施，公孫龍子等都屬於這種主張者，後來還有部分的懷疑主義者，他們是懷疑一部分眞理，像實證主義，觀念主義，相對論，經驗論，都可以說是這樣的學派。信實主義，過去人多譯成獨斷主義，敎條主義，現在還有人譯成獨格碼，這可以說是文不對義，並且也有輕蔑的意義在內，其實希拉文：Dogma 這一字，一點也沒有獨斷之意，它的本意是「思想」，這一主義的信奉者認爲：人可以準確地認識若干眞理，最低限度自身明顯的眞理可以爲人認識，也就是說：人的理智可以達到眞理。它的另一個名子是實在論，信奉這一學說的太多了，希臘、我國除去極少數懷疑主義者外，都是這種主義者，即使是懷疑論者，也可以說是由線的信實主義者，他們主張：「人不能達到眞理」，試問這一主張是不是眞理呢？如果不是，何必肯定？如果是的，那麼問題自告解決，其實就是說「不是」，這不是，不也是肯定「不」嗎？這個不就成了確實的，不就成了眞理嗎？可見人還是可以達到眞理。爲了避免輕蔑，我們把它改譯爲信實主義，不過在信實主義中，也有過激與要不得派別：比如傳統主義或信仰主義（Traditionalism, Fideism），它們認爲人類的知識來源是天啓，有了天啓，人類的理智才有認識眞理的能力，這是要不得的。至於眞理的根基，則很多的人主張，互不相同，有的人認爲在「神的誠實上」，笛卡兒與柏爾格來就這樣主張、馬來勃朗士認爲是在信仰上，萊勃尼茲認爲是在預立的和諧上，斯賓諾莎與泰納說是汎神論，笛卡兒與洛克又主張在清晰的觀念上，柏格森認爲是直觀，新士林派認爲是自身的顯明性，批判主義應用到認識論上乃是康德的事，本來與觀念論同可以歸縮入部分的懷疑論或信實主義的一派，但是由於康德自造批判論名詞，我們才將它另列一個範疇。他造了十二個範疇，認爲合於這個在人腦海中的範疇的，便是眞理，同時眞理的根基也在這裡，於是他進而主張只有現象是可確知的，而形上眞理爲不可知者，只有信仰與服從了（這是與他理論系統相矛盾的）。康德而後又生了觀念論，或名爲主觀論、現象論、以及現在的新批判論、新觀念論、名詞雖不同；但大致都是認爲客觀乃主觀所製造，卽認爲沒有客觀的存在，同時也都是否認形上眞理的。

九：命定主義和非命定主義，又名宿命論與非宿命論（Determinism, Indeterminism），這兩個名詞，特別是前者有許多意義，這裡我們引用的只是哲學上的意義，有宇宙命定主義，認爲現象與事實，其相當原因是在前一個現象與事實中。有倫理的命定主義，認爲意志的行爲也是生於前一行爲，而人沒有自由，這種命定有的認爲是在汎神論中，有的認爲是在神的必然原因律中，有的認爲實證論的假設是非如此不可的，但是無論如何，人的意志自由是沒有了，同時責任，功過也消失了。非命定主義者則認爲人有自由，可以自己取決，自孔子，蘇克拉底以來，主張這一學說的最多，尤其是在人的行爲自由取捨一面，更是如此。

十：功利主義與道德義務論（Utilitarism and Morality of Obligation），道德的基礎有人說是在於快樂，功利，也有人說在於個人的快樂，有人說應不忘他人快樂，這一派主張的道德基礎是在變的，還有其他派，主張道德基礎在法律，在社會，在……總之，這樣的主張，都認爲是道德在變，另有學派則主張爲道德而道德，爲義務而義務。中古學派多主張道德的根基是自然律，最後基礎是永恆律、善惡有別而不變。

此外還有許多學派，我們不必一一枚舉了，最後我們只提出存在主義這一名詞，它們的派別很多，言人人殊，是不易明瞭的。大致主張爲唯人主義，人的存在先於本質，發展自己的能力，最高的能力是死亡，其哲學思想非常悲觀，可以說是一種頹廢哲學，詳細情形我們已在許多專題討論內介紹過了，這裡不再贅述了。

學派的選擇　從上面我們已經看出哲學在學理方面，學派很多，從歷史方面，以人爲主體的分法，我們也看見有很多不同的系統，這些學派，這些思想，都可說是人類努力的成績，人類思想的結晶，如果我們想只用個人的努力，一點也不管過去人類歷史幾十個世紀的辛苦，願意獨馬單人的來完成一個新的學說或思想體系，這不但是在情理上說不通，就是在事實上，恐怕也是不可能的。那麼很自然的，我們要與過去並且也該與過去發生接觸，實際上，儘管有許多人高唱打倒權威，不管前人，然而哲學家們大多都認識他們以前的學者們的學說，也受過他們的影響，在他們的著作中也常常可以發見前人所研究出來的論點。

從上面幾篇文字中，我們也可以看出來，哲學的學說，雖然是持續不斷，常常存在，但却不是千篇一律，無所變換，因而分出許多支流，這些支流有時相差很多，有時還是對立的，那麼在這些不同而對立的學派中，我們自然不能够全部接受，必需有所抉擇。

從哲學史上，我們可以看到在哲學派上有一種現象。就是所謂時尙或時髦問題，我們以爲這種現象不但過去有，現在有，未來也不會沒有的。時髦是一種社會現象，其基礎則是深深紮在人的天性中。有的學說，在當時人們覺得不値得注意，可是不久以後，忽然爲社會公衆所瘋狂的擁護或提倡起來。希腊古代的髙日亞，布羅達高拉斯，就有過這種現象，先聲奪人，他們還沒有達到一個城市之先，城內的人便轟動了，青年人便瘋狂般地去聽他，在我國古代也不乏這種現象，近代哲學名家柏格森，他的大講堂，常是爆滿，儘管有許多高貴的太太們，一點也不瞭解柏氏的哲學，但還總是要去聽聽他，以顯得自己懂得時髦，美國會有不少的人，專程來聽柏氏的講演，聽不到，看看他的講室，也會滿足了他們的狂熱。黑智爾，佛洛德也都有過同樣的情形。

我們在選擇學派上，是不是要依據這種現象呢？也就是說是不是要以時代精神爲精神呢？

首先，我們要考察一下，時尚或時代精神中所含容的究竟有些什麼？當然在時尚或時髦一事中，是含有虛妄的世俗成份的，但並不只是含有這樣的精神，在這旁邊，時髦的思想一定要有新鮮的成分在內，喜新厭舊，人之常情，一種新說之起，一定有一部分人因好奇而喜愛，而研究，而傳播，在新鮮以外，還有一些晦暗。在深刻的思想裡，往往有些晦暗的成分，因之很容易使人相信，一切晦暗的思想都是深淵的，因之對凡是晦暗的思想，都起了嚮往。因而人云亦云，靡然向風，但是時髦的思想中還另有一種眞實而偉大的因素，就是與時代精神相合，每一時代，人類大都有一種嚮往，一種特殊的內心企圖，在資本主義壓榨下的人，內心裡企向反資本主義，在專制獨裁的呻吟下，人們多嚮往自由民主。

但是眞正的思想，眞正的理論，即所謂眞理，是萬古常新，無所謂本質上的變換，時髦的思想，可能有眞理的成份，但未必是全部眞理，選擇學派，信服理論，是不應該惟時髦是尚的。我們必需考察一下，這樣的思想，究竟是不是更爲合適呢？用什麼方法可以看出在許多思想中，究竟是那一派更好呢？

我們在這裡只是簡略的指出：必定要考察歷史，比較來說，這樣才可以找到何者當去，何者當存，從這樣的方法所得到的結果，可以作我們的踏脚石，起足點，然後再走向深一步的研究。

但是這種方法是很有困難的，因爲初學者對這一切尙屬茫然，應該對哲學有相當的素養，也就是說應該養成一個强毅的精神，但是如何才能獲得這種養成呢？

在最前的一章內，我們已經說過人是一個受教育的動物。很自然地他是在追隨着師長的教育，講解，以便接受他最初的教育。在哲學上當然也不例外，雖然我們在學哲學以前，已經會思想，也有許多膚淺，自發的哲學思想，但是系統的，知其所以然的哲學思想，或者稍微艱深的理論，我們便瞢然不知了。我們必需接受教育，閱讀哲學書籍，並且在閱讀的開始，應該是有方法的，如果只是遊獵式的，那將沒有什麽效果，此外在初學哲學時，也應該從理論開始，只有慢慢地吸收一種學說，才能使我們的精神慢慢地在對判斷哲學上，有充足的力量。如果只像蝴蝶一樣的，在各種不同的思想花朶上，淺嘗輒止，那麽基本的哲學是沒有辦法養成的，爲此我們應該先研究一個學派。

也許有人說：哲學家是很多的，所有學派，如同上文所列，也眞可說是五花八門，並且也可以說大相懸殊，爲什麽我們應服膺這一說而捨棄另一種說法呢？

應該知道，哲學上雖然學說很多，但其間也有不少的學說，只是一時興旺，一時時髦，稍縱即滅；此外還有的學說並不能算作眞正哲學，那麽在這些學說中，我們不是應該尋找一派更有力，更具有眞理的學說嗎？

有些學說很快的就過去了。它的影響只是暫時的，並且也不大。有的則對於思想，觀念的方向，功效不小，然而其學說本身並未能生活長久，時間是學說好壞的一大考驗，我們應該在許多學說中，注意去尋找一派有永恆或歷久有效的哲學思想。

時間的考驗對於一種學說眞理的多寡是很重要的。我們看看中西古代的學說，渡過中古而傳到今天的，都是很少了，在我國可以說只是儒家，而西洋則以亞利斯多德派爲最悠久。柏拉圖思想雖是不可忽視的，但在亞氏的思想中，將柏氏的優良部分，可以說大都採取了。這兩派學說，加上了基督主義的薰陶，而生出了士林哲學，思想方法，可以說登峯造極，明晰深刻，正是這一哲學的特徵。

在士林哲學中，最有力的學派可以說是多瑪斯派（Thomism）。多瑪斯是歐洲中古時期的一位大思想家，他承繼了亞利斯多德學說，並予以擴大恢宏，修改加新，且更吸收了柏拉圖派的精粹，而滙爲一種大成的學說，他的學派，對於他的學說，奉行惟謹，他的著作時時有人來加以註解、講述、辯護；實在說，多瑪斯派的學說，眞正是正確而有組織的東西。

任何一種哲學學說，也不能說發現並把握住了全部眞理，同時也不能說是完備到一成不變，任何學說都擁有一部分眞理，我們也可以說，在歷代所有的哲學思想內，有一些共同點，有若干大枝幹相同的趨勢，這些共同點大趨勢，在哲學史上，我們大致可以發現有二：一種是唯理趨勢，一種是經驗論，從希腊哲學開始，我們便可毫不費力的找到這種趨勢，伊和寧派的精神是經驗的，厄來亞派則是唯理的，柏拉圖是唯理的，亞利斯多德則較多經驗成分，近代哲學從笛卡兒開始，又是唯理精神，培根與休謨則是經驗主義，到現在世界哲學還是在這兩大精神中打轉身，這兩種延長了二十五六個世紀的精神，我們覺得在哲學中一定是不可或缺的精神，但是雙方都未免失之太偏，各相否認對方，使眞理成爲不全的東西，至於多瑪斯學說的特長，則正是二者皆不偏廢，兩利並存，但這種並存並不是像一般人所說的堆砌排列，而乃是將這兩種組成一個有生命的東西，規定彼此的關係或作用，並結論二者不可獨立自存，站在這一點上來說，多瑪斯學說，實較任何派，更具有深厚巨多的眞理。

但是我們不要忘記，任何一種學說，也不免有盛衰的時期，從十六世紀到十九世紀，可以說是多瑪斯學說最衰微的時期（並不是滅亡，雖然研究多瑪斯學說的人還有不少，但是因爲沒有進取精神，沒有生力，所以算作衰落）。之後，多瑪斯學說文引起了人們的注意，二十世紀是科學昌明時代，對多瑪斯的學說，最爲有利，現代科學更說明了多瑪斯學說的深厚；現代紛亂的思想，也更足以反映着多瑪斯學說的富於眞理。

在哲學史上，沒有一種完全而有系統的形上思想（儒家的形上系統是很可憐的）能像多瑪斯派這樣傳之久遠（並且我們還可以說，在近代哲學史中，並沒有一個完全而有系統的形上思想），也沒有一個學派，受了這樣長久的時代考驗，還依然順利進行。眞理是常存的，錯誤則必要走向跌落消亡；眞理雖然有時被隱晦了，但是瑕不掩瑜，眞光還是要露出來的，而錯誤則不可能如此。此外，多瑪斯學派還有一個更大的特徵，就是它肯而且能與各派學說相周旋，我們知道眞理雖有許多；但眞與眞之間總不會相反對，而錯誤不但與眞理無法共存，就是與它同性質的錯誤，它一樣也在排拒之列。爲此愈是錯誤的哲學越不能與其他的學說相周旋。從近代哲學史上，我們充分的可以看出這一點多瑪斯學派不但與各派相周旋，並且因爲它承認人是可以求得眞理，也不會不把握一點眞理，同時它也知道各派很難把握全部眞理，它肯謙虛的想自己的不足，肯大方的接受他人對眞理的收獲，使自己的學說日益豐富起來，此外在敘述思想的方法與明晰性兩面，多瑪斯派是超越任何派別的。

當然從康德以後，在近代哲學中，也有其他派別，可以供給我們開始研究哲學，但是如果從研究外界事物看起，多瑪斯派也較其他任何派別—無論是站在教育觀點或學說觀點上，都更爲穩妥有效。

學派的任務　哲學是求最後原則之學，也可以說是追求眞理之學，眞理並不是一個人所能全部獲取的，同時也不是一個初學哲學者所能優爲的。爲了我們是受教育的動物，我們應該接受別人的苦勞成績，借助於別人的眞理發現，爲此我們才主張必需選擇學派，同時我們也指出以那一派較爲合宜，然而是不是我們在選擇了學派，尤其是選得了有最多眞理的學派，或者說我們選擇了全是眞理無一錯誤的學派（假定有的話）以後，在哲學工作上，便可止步，便可觀止了呢？我們且看我們主張要選擇的學派的主要人物，給我們的答覆，多瑪斯告訴我們說：哲學乃是用純自然的方法，科學地認識關於整個實在界的基本原則。

所謂科學地認識原則，這句話的眞意乃是由我個人地把握、瞭解、領會與解釋這些原則的內在價值。實在，哲學的信徵，也就是所說的眞正哲學，乃是應該建築在自然理由上的瞭解，也就是說，這種瞭解是我個人用自己的理智（或經驗）對這些原則內在價值的瞭解，並不是建築在信仰，也不是建築在人言上。當然，傳統給了我們很多很寶貴的觀念，但是一位名符其實的哲學家，應該用自己的理性，把這些遺產，這些觀念，同化在自己理性中，而成爲自己的東西，在哲學上（在科學上也是一樣），多瑪斯最反對一種奴隸式的應聲蟲或者懶惰式的隨人說，他認爲權威在這些事上，是最缺少力量的證據。

如果多瑪斯派的學者們，僅僅運用多瑪斯的權威，來完成自己的哲學論題，那麼他便是不忠實於自己學派的原則，不足以稱爲眞正的多瑪斯派，如果治這一哲學的人，沒有個人的研究工作，而只複述前人的學說公式，那麼這一學派對哲學的影響，便不是建設性的，而乃是破壞性的，是眞理的蟊賊。

研究哲學的個人工作活動，應該永恆地具有狹義的科學特徵，一個宇宙觀的創成，只是由於人的經驗，而作成的學理發射，並且還在事實上說明我們如何看出，鑒定並解釋一切充滿我們意識的具體而變動的與件，這是不夠的。這種敘述多少次是充盈着活潑與暗示的事實的，可能構成很珍貴的證明，也能表現出很大的關係。但是哲學在其科學的（古典意義的）觀點下，是需要另一種姿態的。

一切的科學，連哲學包括在內，都該傾向取消主觀的成見，超過個人的小圈子，科學與哲學是不該特別並不特別依著在有興味的要素與動人的事實上，它採集、考察、選取、有方法的排比一切與件，利用試驗過的方法，建設起支配事實的秩序，使任何觀察的人都是以爲如此的。

在這客觀的園地裡，人們每個人的努力彼此相合相關，逐漸的完成眞正的哲學，使人類的智慧遺產，加上我們的新發掘與新的整理而更豐富起來。

在科學（哲學）的材料上，人們一下子在工作裡把握並瞭解合作與持續所呈現的價値，哲學學派正是這樣的一個東西，它將新的東西努力與傳統的元素，和諧的交互聯結起來，它的口號是：進步與傳統，新和舊。

有人說，眞理是不變的，那麼一個眞的哲學系統，其本身自然也是不變的，那麼我們既然服膺多瑪斯的哲學體系，以它爲具有眞正哲學特徵的哲學系統，當然它是可以一成不變，又何必我們費去許多時間，來自己研究，開創並發掘眞理呢？也就是說，我們奉行惟謹就夠了，又何必吸收新的理論呢？不錯，但是我們需要知道，這個我們已經一再聲明過了，沒有一個人，也沒有一個學派，能完全把握住了眞理的總和，卽使把握住了眞理的全體，但是在表現並解釋的方法方式上，更不會成全到一成不能再變，再好，再清楚的境界，此外一個眞正的哲學體系，絕不可能是一個鐵定的東西，讓學者們只憑記憶來記取，而不讓你自由去思索，不，士林哲學，多瑪斯派不是這樣的，如果是這樣，它便沒有存在的價値了。一個眞的哲學應該是一個活潑的，生動的，有生命力的，我們看看多瑪斯主義，它乃實在是這樣的，它是一個有現實性與進步的哲學，它如同一個有機體一樣，常在演化，愈來愈清楚，愈容易瞭解，也愈豐富。

多瑪斯派並不想復古，這是一個不可能的工作，儘管一個哲學體系，在達到眞理的尺度上，擁有絕對價値的特徵，但它依然還有其相對的特徵存在（因爲它是染有時代精神的）。從歐洲中古以來，生活──精神生活，也就是說哲學思想這一生活，從來沒有停止過，人們總在作思想工夫，總在研究哲學，這種工作是富有生產能力的，現在我們作哲學工作，也應該不停的在思想，研究，而富有生產能力，一方面我們應該思想，另方面，我們也應該同化中古哲學，為使它成為健全的，更有利於現世，應該使它屬於時代思想的韻律，也就是說要使多瑪斯學說，新鮮的，向榮的生活在當今之世，我們應該像多瑪斯本人在他生時一樣去研究哲學，也就是說，如果多瑪斯生於現世，他要如何作，我們便也如何去作。

多瑪斯雖不輕視過去，但他並不奴隸的受過去哲學傳統的拖曳，他研究當時與過去的學說，並且也都加以批判，但是他並沒有想解決一切而不讓後人再有工作的想法，假如他生在二十世紀，對於十三世紀專有的問題，他一定不再去研究，而是注意當代的問題，對科學的各種進步，他一定注意，他一定要提出許多在十三世紀沒有提出或形成的原則與方法。總之，他是不會不顧及時代，但他也不會迷信時代，一味以時尚為真理的，多瑪斯派的使命，自然是要保存並運用老師的理想，多瑪斯的眼光是遠大而大胆的，要瞭解他的理會，應該研究他本人的著作以及其註釋者，並注意他和各家的關係，然後並應熟悉現代各家，以便使我們知道尚有些什麼該解決，加入，擴充，而使這一哲學成為永存與永新的哲學系統。

第十二章　哲學的方法

在哲學概論裡，本來不必討論哲學方法，並且嚴格來說，也不能討論哲學方法，因為每一門哲學，都有每一門哲學的專有方法，每一家哲學，也有自己的固有方法，笛卡兒的「我思」，斯賓諾莎的「自立體」，費希特一的「純我」，都是他們自用的方法，如果我們這樣討論起來，寫成一本專書，並不是難事，但這不是逸出哲學概論的範圍嗎？另外，根據研究哲學的里程，我們是應該就理論理，不應該先天的劃出鐵定的方法，以免在研究的過程中，有削足適履的現象，必需在研究以後，再規定出研究應遵循的方法，在哲學概論中，我們對哲學還沒有深刻的認識，談方法不是有些太早嗎？但是目前的人，大多開口閉口方法，方法，彷彿沒有方法，便沒有學問，尤其是最愛掛在人口頭的是「科學方法」，科學方法彷彿該侵入一切學問，不然你的學識便不是眞的，科學方法是什麼呢？如果你詳細地追問他一下，保管有許多人會要瞠目結舌的，科學方法是不是應該應用到哲學上呢？哲學就普通，或一概而論，有什麼最普遍的方法呢？我們站在敎育立場，爲了使人們避免一些錯誤觀念，在哲學概論範圍內所能給予我們的最大限度裡，討論一下哲學的方法。

方法的意義　工欲善其事，必先利其器，爲完成或順利達到一個目的，必定有良好的工具，工具也可以說是方法；方，道也，法，術也，希腊文稱爲： Meta odos （Meta ）同也，與也；（ Odos ），路也，道也，寫成一字則爲：Methodus 正與我國之方法二字相當：汎指一條道路或一種秩序，由它可以達到某一目的，在哲學上，在科學上，在人類的一切知識動作上，都有方法的使用，在哲學上，方法的意義有三，一個是敎授哲學的方法，一個是引領我們到哲學的道路，另一個則是構成哲學的程序，在這一章內，我們摒棄第一種意義，這是歸於哲學敎授方法論的；第三種意義，雖然在全部哲學中是要使用的，並且在我們這本概論內，多多少少我們也已使用過了（不然是不能成爲一本書的），但是在這裡我們還要與第二種意義合在一起討論一下。

實驗法　實驗法也名經驗方法或分析方法，這是一切經驗哲學家所服膺拳拳，認爲天經地義的研究哲學並組成哲學方法。實驗方法的具體表現是觀察事實，蒐積事實並整理事實。推到實驗法的最後結果，是拒絕，否認觀察限界以外，或者可觀察的事件以外的事，也就是說，他僅僅限於感覺界的事件以內，他認為只有感覺經驗的事實是構成哲學的條件；主張這種方法的人們，是不肯研究任何絕對的東西的，他們認為形上學（本名的哲學）是不可能的，是沒有的，有之，也只能是經驗的形上學。信認這一方法的人，計有古代與近代的一切唯物論者，自孔德以來的實證論者，一切新實證論者，或名之為經驗邏輯派，實證邏輯派，維也納學派。孔德、泰納、李特來、否認神學與形上學的形態，主張只有奠基在觀察上的思想的實證形態。他們的最高格言是：「只有可感覺的事實可以為我們所認識；一切超越感覺經驗的事理，我們絕對不能認識。那麼構成哲學的也只有形而下的事理，沒有共相觀念，沒有超感覺的原則。彌爾、赫胥黎、拜因、斯賓塞爾等人認為只要是一個哲學命題，便應該只是經驗的單純的產物，他們並不說應該否認感覺知識以外的知識原則，但是他們主張我們應該完全予以忽視：我們認為是共相或普遍的觀念，不是只是感覺的拼湊而已；一個判斷也不過是兩個感覺的聯合；一個三段論法也不過只是由特殊到特殊而已。數學的命題，根本公理像A＝A，矛盾定律，因果定律不過只從經驗事實而來的普遍化而已；根據司徒彌爾的說法，我們認為是高於經驗的科學定律，乃不過是來自我們的主觀不能瞭解這個定律的反面之故而已。斯賓塞爾認為這種現象是來自遺傳的。

至於休謨，洛克，霍布士，培根他們，則不承認有自立體存在，只承認有感覺的現象與意識主觀的印象，那麼構成哲學自然也不過只是這一些東西罷了。新實證主義，他們認為「所謂哲學只不過是科學語言的分析。他們的方法是嚴格科學的」。然而這種分析也只是經驗的。為此才有經驗邏輯的名稱。

實驗方法本是科學的方法，自從科學（近代意義）起來之後，實驗方法便成了促進研究各種科學的方法，且成了必要的方法，這種方法的構成，共分三步：有觀察，有假設，有實驗，實驗成功，假設便可成為定律。實在，在特殊科學上這是不可或缺的方法，但是科學是科學，哲學是哲學，各有自己的範圍，也各有自己的觀點與目的，範圍不同，觀點不同，目的不同，方法自然也不能相同了。不然者，那麼兩種學問便將混而爲一了。並且，實驗法只不過是方法之一，它不該摒棄一切其他方法，我們要知道實驗法如果要變成誇大的，排中的，那麼隨之而來的，便是斬斷許多事實。需要知道實驗法是不能上升到管理事實的原因與定律的。因爲定律與原因，嚴格來說，乃是一個普遍的肯定，也就是說在這一類之中，無論過去未來，都沒有一個例外，然而這種普遍的肯定，已經超出了觀察，感覺經驗的範圍了：我們的經驗是不能將這一類內所有的事實，都經驗過的，特別是未來的事實。實驗法還取消了天然附着在科學判斷上的客觀必要性的特徵，而將這些判斷引歸到在過去的觀察過的事實的集體化合式，因爲經驗方法既然依憑經驗，而經驗只能箴對過去，而不知判斷未來，判斷未來是屬於推理範圍。從已知到未知，已經是超出實驗或經驗範圍了。既然不能判斷未來，則科學判斷在未來是否如此，則自然在不可知之例，那麼其客觀的必要性，自然是失掉了恆存的價值。此外，實驗法還不讓我們肯定：在我們以後出生的人是死亡的主體。因爲如果將一切判斷都放在實驗或觀察上，在我們以後的事，我們是不能夠觀察與實驗的。這麼一來。只是用經驗或觀察，我們是沒有辦法達到事物不可改變的天性的，哲學是研究眞理的，是研究物的本質，物的最後根原的，這都是不變的（也是超經驗的），實驗法對此是門外漢。實驗法就其本身的能力—所能達到的最大範圍來講，它將禁止我們的理智向着現象的客體與原因下手的。

從上述的實驗法，我們知道是它的範圍如何了，現在，我們也已知道哲學是什麼，它研究的範圍是萬物的最後解釋，最後原因，這是超出實驗法的範圍的，哲學的本質是推理的，是共相的，是研究物的不變的本質，這也超出了實驗法的範圍，那麼哲學方法，很顯然的不只是實驗法，除非是你能夠明證哲學不該有以上的本質，或者證明以上的種種是不可能的，但是如想證明這些是不可能或不該是這樣的事項，已經

超出經驗範圍了。在知識問題內，我們已經略有論及，這裡不再贅言了

先天綜合法　實驗法的對立方法，便是先天綜合法，或者稱它作演繹法。它的本質是在由普遍的原則開始，或者由更高的原因作起點，然後下推到更複雜的關係與事實上。綜合法論者或演繹法論者，他們的夢想是以一個對絕對或最高實在性的直觀為起點，這就是說：他們認為最高的實在性或絕對是我們可以直觀而知而見而理解的，以這一理會作起點，來下瞰一切。這最高的實在性對有神論(或自然神論者)者乃是神，對單元論者則是共相的有（當然是有其現實而實在的存在的，這是單元論者的信念）。從這裡，演繹論者引伸演繹出凡是在宇宙屬於這一最後的實在性的一切知識的綜合。這種演繹，他們認為是與實物界的形上梯階相合的。柏拉圖就是這個學派的創始人。如所周知，他的哲學是從觀念世界開始。從最高的善的觀念，他想認識感覺世界的實在性，因為他認為感覺世界不過是觀念世界的反射而已。奧古斯定多多少少在他研究宇宙時，認為最低限度構成宇宙的事物，如果想找到適當的解釋，只有在天主的綜合觀照內，才有着落，因為惟有天主才是一切受造物的模範，創造與目的原因呢！歐洲中古時期，對這演繹法規，都是非常信任。波哀斯寫說：「我建議組織科學，要用公理與觀念的方法，如同數學一樣」。安瑟爾莫從天主的觀念裡，不但取出了一個無限有的實際存在證據，並且還推出他的屬性與現在宇宙許多的關係。在安瑟爾莫以前的兩個世紀，司哥特，戈利武熱乃是一個最完全典型的演繹論者，它的形上學乃是一部神的敘事詩。他是受了新柏拉圖主義的啓發，是從一個唯一的一的單元觀念下降到繼續的世代。在第十三世紀的開始，有一位名叫阿藍，利耳(Alain de Lille)願意將數學的方法，應用到哲學上。還有雷孟，路利，(Raymond Lully) 他相信他尋獲了大技術 (Ars Magna) 的秘密，這乃是一種三段論法機，是由觀念的一般表格組成，用這種表格的組合，可以解決一切的問題。笛卡兒，萊勃尼玆，斯賓諾莎等人，都是演繹論

者：他們願意依照幾何學方式，來組織哲學如同以最特殊而最複襍的定理來與最簡單的公理相對一樣。還有許多本體論者和康德以後的汎神論者像費希特，黑智爾等，也都是這樣的，他們的想法是：哲學應該奠基在絕對有的直觀上。

演繹法是一種推理的法則，它的價值本不是我們所應輕視的，在研究與組成哲學上，演繹法誠然有其不可泯沒的功績，但是如果也如實驗法一樣的想獨佔一切，獨覇天下，也一樣是錯誤的。主張演繹法的哲學派，自然多是輕蔑觀察的科學。他們最大的錯誤是動搖事實，不管具體的事實，而將事實委屈在預存的（或先天的）解釋中，或者納入一個先天預定的原理中，可是事實的觀察實在應該在指定事實的原因或其適當理由之先，要得一個事實的學理或原因，是應該先對這一事實有所觀察，才能結論出來。不然的話，沒有事實的觀察，便獨自創造原則，結果只有空疏或者不符眞理。我們知道，一個理智的觀念的獲得，必須是先從感覺的事實起：除非先有了感覺，理智內是什麼也沒有的。沒有見過事實，想作成抽象的觀念，這是不可能的。

分析綜合法　分析與綜合的結合，觀察與演繹的合一，才是眞正的哲學方法，我們知道哲學是要給萬有（宇宙）秩序一個一般的解釋，也就是說找一切事物的最後原因，那麼在企圖將事實及其效果概括於在一個宇宙的理解的說明之前，一定要用觀察來認識這些事件以及其複襍的效果。顯明的很，在心理學上，我們應該先仔細地考察我們的種種活動能力，像感覺的現象，理智與貪慾的現象等，在宇宙論中我們應該觀察物體表面與深處的變化的種種；在道德學裡，我們應該觀察倫理事實；在自然神學中，我們需要詢問宗教信仰與感覺。在形上學中，我們也應該以現有存在的事物爲起點。等到觀察完畢，分析已成，我們就應該開始綜合工作了。我們一定要從分析心理達到綜合心理，這樣我們才能瞭解人生命原則的命運；由分析宇宙走到綜合宇宙論，這樣才能給我們說明形體事物組織，變化以及管理這些事理的定律的固定性；從分析的道德學到綜合的倫理，才能說出人的目的以及義務的最後領域；用綜合法達成了自然神學與演繹的形上學，才能考察神的屬性以及萬有的基本觀念。這樣說來，哲學無論就其分其合來說，是需要分析—綜合法的。

分析綜合法或名爲歸納演繹法，不但是哲學方法，並且我們可以說乃是一切科學（廣義的）所不可缺少的方法。因爲只執一方，不免有所偏廢，而二者俱全，則可以概括全面。「這兩個方法是認識眞理的程序，一個是用分解的方式，由複合到單純，由全體到部分…；一個是組合的方式，由單純到組合，它使我們對眞理有完全的認識，因爲是由單一到全體」。

我們不是經驗論者，所以不主張只用分析法，不專門信任感覺，我們也不是觀念論（唯心論）者，爲此也不只專門惟理智與觀念之是信，必需要二者諧和，才能在哲學的入門上，有所進益。

中華哲學叢書
哲學概論

作　　者／趙雅博　著
主　　編／劉郁君
美術編輯／中華書局編輯部

出 版 者／中華書局
發 行 人／張敏君
行銷經理／王新君
地　　址／11494 台北市內湖區舊宗路二段181巷8號5樓
客服專線／02-8797-8396　　傳　　真／02-8797-8909
網　　址／www.chunghwabook.wordpress.com
匯款帳號／兆豐國際商業銀行　東內湖分行
　　　　　067-09-036932　台灣中華書局股份有限公司

法律顧問／安侯法律事務所
印刷公司／百通科技股份有限公司　海瑞印刷品有限公司
製　　版／秀威資科技股份有限公司
出版日期／2015年7月八版
版本備註／據1984年12月七版復刻重製
定　　價／NTD 270

國家圖書館出版品預行編目（CIP）資料

哲學概論 / 趙雅博著. -- 八版. -- 台北市 :
中華書局, 2015.07
面 ; 公分. -- (中華哲學叢書)
ISBN 978-957-43-2519-1(平裝)

1.哲學

100　　104009903

NO.B0001
ISBN 978-957-43-2519-1（平裝）

哲學概論重要參考書

一、總 目 類

Repertoire bibliographique de la philosophie. Louvain, Ed. de l'. Institut superieur de philosophie. 1943 出刋，現仍繼續中。

Bibliographie de la philosophie, Paris, Vrin, 1954 出刋，現在繼續中。

Bibliographische Einfuehrungen in das Studium der Philosophie, Bern, A. Francke. Ag. Verlag, 1948, 繼續出刋。

Bulletin analytique: Philosophie, Paris, C. N. F. de la Recherche scientifique. 1947 出刋繼續中。

Les Chroniques philosophiques, Paris, I. I. de Philosophie. 1939, 繼續中。

Castelli, E. Bibliografia filosofica italiana del 1900 al 1950. Roma, Delfino, 1956.

De Brie, C. A. Bibliographia Philosophica 1934–1945. 2Vol., Utrecht–Bruxelles, Het Spectrum. 1950–1954,

Gietz. E. G. Bibliografia filosofica del siglo XX, Bs. Aires, Puser, 1952.

Gouiran E. Obras y Bibliografia, Bs. Aires, Centurion, 1947.

Varet. G. Manuel de Bibliographie philosophique, 2 Vol., Paris, P. U. F. 1956.

二、一般哲學辭典類

Apel, Max. Philosophisches Wörterbuch, W. de Gruyter, 1953.

Austede, Franz. Kleines Wöterbuch der Philosophie, Frankfurt. S. M., Humboldt-Verlag, 1954.

Baldwin, J, Mark. Dictionary of Philosophy and Psychology, 3 Vol., N. Y., Macmillan. 1949-57.

Blanc, Abbe Elie. Dictionnaire de philosophie ancienne, moderne et contemporaine, Paris, Lethielleux, 1906-1908.

Supplement au Dictionnaire de Philosophie.

Biraghi, A. Dizionario di filosofia, Milano, Comunita, 1956.

Brugger, Walter. Diccionario de Filosofia, Barcelona, Herder, 1958, 2d.

Cantaro, U. Vocabulario filosofico, Bologna, N. U. Gallo, 1955.

Cuvillier, A. Nouveau Vocabulaire philosophique, Paris, Armand Colin. 1956.

Decurtins, Carl. Kleines Philosophenlexikon, Von den Vorsokratikern bis zur Gegenwart, Affoltern, Aehrn Verlag, 1952.

De Mattos, C. L. Vocabulario filosofico, Sao Paulo, E. Lela, 1957.

Eisler, Rudolf. Wörterbuch der Philosophischen Begriffe historischquellenmässig bearbeitet, 3 Bd., Berlin, Mittler und Sohn. 1927-30.

Handwöterbuch der Philosophie, Berlin, Mittler und Sohn, 1922.

English, H. B. Diccionario manual de psicologia. Bs. Aires, El Ateneo, 1951.

Ferrater, M. J. Diccinario de la filosofia, Bs. Aires, Sudamerica, 1958.

Frank, Ad. Dictionnaire des Sciences Philosophiques, Paris, Hachette, 1885.

Goblot, E. Le Vocabulaire Philosophique, Paris, Colin, 1946.

Hoffmeister, J, Wörterbuch der Philosophischen Begriffe, Hambourg Fel, Meiner, 1955.

Jolivet, Regis. Vocabulaire de la Philosophie, Lyon-Paris, Emm. Vitte, 1957.

Lalande, Andre. Vocabulaire technique et critique de la Philosophie, Paris P. U. F. 1956.

Lamana, E. P. Dizionario di termini filosofici, Firenze, F. le Mounier,

Metzke, E. Handlexikon der Philosophie, Heidelberg, Kerle, 1949.

Pastor, J. R. Diccionario filosofico, Buenos Aires, Espasa, 1952.

Piguet, J. C. Le Vocabulaire intellectuel, Paris, Centre de documentation, 1957.

Rubert, C. J. M. Diccionario manual de filosofia, Madrid, B, E. 1946.

Ruiz, M. M. Vocabulario filosofico, Buenos Aires. Kraft, 1946.

Runes, D. D. The dictionary of philosophy, N. Y. Philosophical Library. 1944

Ruscha, Fachwörterbuch der Philosophie für Studium. Lectüre u. Vortrag, Zurich, Schaltegger, 1945.

Schmidt, H. Philosophisches Wörterbuch, Stuttgart, Kröner, 1957.

Ziegenfuss, Werner. Philosophen-Lexikon, 2 Bd., Berlin, V. de Gruyter, 1949–1950.

Filosofisch-Lexico. Antwerpen-Amsterdam, Standard-Boekhandel, 1958.

Encyclopedisch Handboek van het moderne Denken, Arnhem, van Loghum Slaterus, 1950.

Enciclopedia filosofica, 4 Vol., Firenze, Casa. ed. Sansoni. 1957–58.

分類哲學辭典類恕不開列。

三、哲學概論類

Alquie, F. Qu'est-ce que comprendre un philosophe? Paris, C. de documentation universitaire, 1956.

Bacca, Garcia, J. D. Introduccion al filosofar. Bs. Aires. Tucuman, 1939.

Baker, A. E. Introduccion a la filosofia, Santiago, Ercilla. 1936.

Baudin, Em. Introduction a la philosophie. I.. Qu'est-ce que la philosophie? Paris, J. de Gigord, 1939.

Brightmann, E. S. An Introduction to philosophy. London, Sir, Isaac. Pitman, 1953.

Bueno, Miguel. Las grandes direcciones de la filosofia, Mexico, Fundo de Cult. Economica, 1957.

Cannabrava, Euryalo.: (a) Introducao a filosofia cientifica, Sao Paulo, C. E. Nacional, 1956.

(b) Elementos de metodologia filosofica, C. E. Nacional, 1956.

Casas, M. Y. Introduccion a la filosofia, Argentina, Tucuman, 1954.

Coiazzi, A. e Mazzantini, Breve introduzione alla filosofia. Roma, 1936.

De Linera, Alvarez. Introduccion a la filosofia, Marid, Saera, 1940.

De Raeymaeker, L. Introduction a la philosophie, Louvain, Nauwelaerts, 1956.

De Sopper, A. J. What is philosophy? Haarlem, Bohn, 1950.

Diez, Blanco, A. Introduccion a la filosofia, Valladolid. 1940.

D'ors, Eugenio, El secreto de la filosofia, Barcelona, Iberia, 1940.

Drews, A. Einfuehrung in die Philosophie, Berlin, 1921.

Duroff, A. Einleitung in die Philosophie, Bonn, Schwippert, 1948.

Edwards, Paul and Pap. A modern introduction to philosophy, Glencoe, The Free Press, 1957.

Endens, Jos. Anton. Einleitung in die Philosophie, München, Kosel et Puster, 1921.

Estiu, Emilio, En torno a un concepto de la filosofia, Bs. Aires, Kraft, 1944.

Faulquie, Paul. Introduction a la philosophie, Paris, Les Editions de L'Ecole, 1955.

Fragueiro, Alfredo, Introduccion a los problemas de la filosofia, Universidad nac. de Cordoba, Argentina, 1943.

Frondizi, Risieri, El punto de partida del filosofar, Bs. Aires, Losada, 1945.

Gaos, J. Dos ideas de la filosofia, Mejico, 1940.

Gex, Maurice. Initiation a la philosophie, Lausanne, L. U. 1945.

Glenn, Paul J. An Introduction to philosophy, Herder,

St, Louis. 1944.

Gonzalez, Alvarez A. Introduccion a la filosofia, daMrid, Epesa, 1953.

Gouiran, Emilio. Curso de Introduccion a la filosofia, Rosario Bl. Argentina. 1942.

Gusdorf, Georges; Mythe et metaphysique: Introduction a la philosophie, Paris, Flammarion, 1953.

Hartmann, Nicolai. Einfuehrung in die Philosophie, Osnabrück, Hanckel, 1954.

Hocking, William and Others. Preface to philosophy, Textbook. New-York, Macmillan, 1946.

Hoople, Ross and Others, Preface to philosophy: Book of Readings, New-York, Macmillan, 1946.

James, W. Some problems of philosophy: A beginning of an introduction to philosophy, London, Longmans and Green, 1911.

Jaspers, Karl. Einfuehrung in die Philosophie, Trad· francaise, Paris, Plon, 1955.

Joad, C. E. M. Guide to philosophy, London, V, Gallancz, 1938.

Korn, Apuntes filosoficos, Bs. Aires, Claridad, 1950.

Kuelpe, Oswald. Einleitung in die Philosophie, Leipzig, 1928.

Lehmann, R. Introduccion a la filosofia, Bs. Aires, Losada, 1941.

Leisegang, Hans. Einfuehrung in die Philosophie, Berlin, Walter de Gruyter, 1951 und 1956.

Le Senne, Rene. Introduction a la philosophie, Paris., P. U. F., 1949.

Levi, A. William. Varieties of experience: An introdu-

ction to philosophy, N.Y. The Ronald Press, 1957.

Lombardi, Franco, Ricostruzione filosofica, Asti, ed. Arethusa.

Litt, Theodor, Einfuehrung in die Philosophie, Stuttgart, Klett, 1949.

Mandrioni, H. Introduccion a la filosofia, Bs. Aires, Troguel, 1954.

Marc-Wogau, Konrad. Filosofiska diskussioner, Stockholm, Ehlin, 1955.

Marias, Julian. Introduccion a la filosofia, Madrid, Revista de Occidente, 1956.

Maritain, Jacques. Elements de philosophie: Introduction a la philosophie, Paris, Tequi.

Menendez, Samara. (a) Iniciacion a la filosofia, Mexico, Cultura. 1943.
(b) Manual de introduccion a la filosofia, Mexico Robredo, 1947.

Miceli, Ricardo. Introduzione alla filosofia, Roma, Ed. Circe.

Morente, Garcia, M. Y. (a) Fundamentos de filosofia, Madrid, Espasa, 1954.
(b) Lecciones preliminares de filosofia, Losada, Bs. Aires, 1939.

Mueller, Aloys. Einleitung in die Philosophie. Bonn, Dümmler, 1931.

Munoz, Alonso Adolfo. Fundamentos de filosofia, Murcia, Espana, 1947.

Nicholoson; J. A. An introductory Course in philosophy, New-York, Macmillan, 1939.

Nohl, Herman, Einfuehrung in die Philosphie, Frankfurt

a/M. Gerh. Schulte, Bulmke, 1953.

Nyman, Alf. Come son risolti problemi filosofici, Torino, Ed. di Filosofia, 1955.

Oromi, Miguel Polemica de dos filosofias, Madrid, E. Nacional, 1956.

Pallares, E. Introduccion a la Filosofia: Que es Filosofia? Mejico, 1948.

Patrick, Y. T. W. Introduction to Philosophy, London, Allen, 1958.

Paulsen, F. Einleitung in die Philosophie, Stuttgart, Cotta, 1916.

Perry, R. B. The Approach to philosophy, N. Y. Scribners, 1905.

Pita, Enrique. El punto de partida de la filosofia, Bs. Aires, Espasa, 1941.

Quiles, Ismael. Introduction a la filosofia, Bs. Aires, E. Estrada, 1954.

Rader, Melvin. The enduring questions: Main problems of philosophy, N. Y. Henry Holt, 1956.

Ramirez, O. P. El concepto de filosofia, Madrid, 1953.

Revel, J. Francois. Pourquoi des philosophes? Paris, Fulliard, 1957.

Romero, Francisco. Dos notas de introduccion a la filosofia, Bs. Aires, Espasa, 1950.

Rubert, Candan, J. M. Que es filosofia? Madrid, 1947.

Ryan, James H. An introduction to philosophy, N. Y. Macmillan, 1932.

Sanchez, Reinet. A. Raiz y destino de la filosofia, Tucuman, 1942.

Sciacca, Michele. F. La filosofia, y el Concepto de fil-

osofia, Bs. Aires, Troquet, 1955.
Sepich, Juan R. Introduccion a la filosofia, Bs. Aires, 1942.
Selsam, Howard. Philosophy in revolution, N. Y. International Publish. Co., 1957.
Simmel, Georg. Hauptprobleme der Philosophie, Berlin, de Gruyter, 1950.
Schonfelder, W. La filosofia en paronama. Santiago de Chile, Zig-Zag, 1943.
Sinclair, W. A. An introduction to philosophy, London Oxford U. P. 1944.
Sullivan, D. James. Introduction to philosophy, Milwaukee, Bruce Publish. Co, 1957.
Thiel, Matthias. Philosophieren: Eine Anleitung, Freiburg, 1947.
Tuni, Giovanni. Filosofia e Scienza, Firenze, La nuova Italia, 1955.
Varma, K. S. Introduction to philosophy, Agra, India, 1953.
Vasallo, Angel. Que es filosofia? Bs. Aires, Losada, 1945.
Vialatoux, Joseph. L'intention philosophique, Paris, P. U. F. 1954 et 1957.
Wahl, J. Introduction a la philosophie, Paris, 1949.
Wheelwright, P. E. The way of philosophy. N.Y. Odyssey. P., 1951.
Wundt, W. Introduccion a la filosofia, Madrid, Jorro, 1911.

中文參考書目

李石岑 哲學概論 上海世界 一一年(在臺四七年再版)
范 錡 哲學概論 臺北商務 四四年

宋坦忠	哲學的新觀點	臺北	四三年
今子馬治	哲學概論	上海神州	三六年(在臺四七年再版)
常宅義	哲學概論	北平輔仁	三七年
溫公頤	哲學概論	上海商務	三七年
羅鴻詔	哲學導論	上海商務	十九年
陳哲敏	實在論哲學	北平上智	卅九年
鄒謙	哲學概論	上海中華	卅六年
羅素	哲學大綱	臺北正中	四三年
謝幼偉	哲學講話	臺北文化	四三年
鄒謙	哲學通論	湖南大學出版部	廿五年

四、普通哲學類

在這項目下的參考書，眞是浩如瀚海，我們無法一一列出，現在我們只將我們使用過的，最有價值而最新的著作，每門列出二三十種，以供參考。

A. 課本類

Cours de philosophie, 12 Vol., Louvain, Institut Superieur de philosophie, 1923–1947.

Cours publies par l'Institut Superieur de philosophie, 7 Vol., Louvain, Institut Sp. de Philosophie, 1947–1956.

Coursus Philosophicus in usum Scholarum, 6 Bd., Freiburg im Breisgau, Herder, 1906–1932.

Handbuch der Philosophie, A. Baeumler und Schrseter, 5 Bd., Berlin, Oldenbourg, 1927–1934.

Institutiones philosophicae Scolasticae, 7 Bd., Freib. im Br. Herder, 1949–1952.

Lehrbuch der Philosphie, Max Dessoir, 2 Bd., Berlin, Ullstein, 1925.

Philosophiae Scholasticae Summa: 3 Vol. Madrid, B.A.C.

1952–53.

Philosophische Handbibliothek, 10 Bd, Munich, J. Kösed, 1922–1935.

Stonyhurst Philosophical Series. 10 Vol. London Longmans. 1888.

Gredt, Jos. Elementa Philosophiae aristotelico–thomisticae, 2 Vol. Freib. im Br. Herder, 1956.

Jolivet, R. Traite de philosophie, 4Vol., Lyon, Vitte, 1955.

Maquart, F. X. Elementa philosophiae, 3 Vol., Paris, A. Blot. 1937-38.

Reinstadler, Elementa philosophiae Scholasticae, 2Vol., Fr. im Br. Herder, 1945.

Gardeil, H. D. Initiation a la philosophie de Saint Thomas d'Aquin, 4 Vol., Paris, Cerf, 1952-1953.

Thonnard, F. J. Precis de philosophie, Paris, Desclee, 1950.

Kaelin, P. Lehrbuch der Philosophie, 2 Bd., Sarnen, B-K. 1940-45.

Lehmen, A. Lehrbuch der Philosophie, 4 Bd., Freib. im Br. Herder, 1919-1923.

Bittle, C. N. 7 vol., Milwaukee, Bruce, 1949-1958.

Glenn, P. 10 vol., St. Louis, Herder, 1953–1957.

Berghin-Rose. Elementi di filosofia, 6 Vol., Torino, Marietti, 1949-50.

Vanni-Rovigli, Elementi di filosofia, 4 Vol., Milano, Marzorati, 1947-50.

Sesti, L. Trattato di filosofia, 3 vol., Milano, Marzorati, 1956.

De Magalhaes, V. Pequeno manual de filosofia, Lisboa, Livraria Sa da Costa, 1956.

Carreras, A. F. Nociones de filosofia, Barcelona, Alma

Mater. 1954.

Mandellaum, Philosophic Problems, N. Y. Macmillan, 1957.

B. 知識問題

Alquie, F. L'experience, Paris, P. U. F. 1957.

Ayer, A. F. The Problem of knowledge, N. Y. St Martin's Press, 1956.

Babini, Jose, Origen y naturaleza de ciencia, Bs. Aires, Espasa, 1948.

Barron, J. Elements of Epistemology, N. Y. Macmillan, 1935.

Coffey, Epistemology, 2 vol., Longmans, Green and Co, 1917.

Collin, E. Manual de filosofia Tomista, 2 Tom., Barcelna, Gili, 1943.

De Anquin, N. El Problema epistemologico de la filosofia actual, Çordoba, 1927.

Dubroca, M. Les Taches de la raison, Paris, Debresse, 1957.

Dujovne, L. La filosofia y las Teorias cientificias, Bs Aires, Univ. N, 1930.

Esser, G. Epistemologia, Ill, Techny, 1934.

Fantone, V. Logica y teoria del conocimiento, Bs. Aires, Kapelusz. 1951.

Hussen, J. Teoria del conocimiento, Bs. Aires, Losada, 1938.

Ladd, George. Knowledge, Life, and Reality, Dodd, Mead and C. 1956.

Lunn A. H. M. Revolt against reason, London, Eyre, 1956.

Maritain, J. Les degres du Savoir, Paris, Desclee, 1949.

Martins, D. Teoria de conocimiento, Braga, Liv. Cruz, 1957.

Moore, G. E. A defense of Common sens, N. Y. Macmillan.

O. Shea. R. S. Truth of Being through knowledge by connaturality, Washington Cath. Univ. Press, 1955.

Paris, C. Ciencia, Conocimiento, Ser, Santiago de Compostela, Univ. de. Comp, 1957.

Pepper, St. Transcendence, California, U. C. P, 1926.

Secolini, A. Il valore della conoscenza razionale, Belluno, Vescovile, 1955.

Tablot, E. F. Knowledge and object, Washington C. U. 1932.

Walker L. Theories of Knowledge, Longmans, Green and Co., 1924.

Wentscher, M. Teoria del conocimiento, Barcelona, Arbor, 1927.

Actes du Deuxieme Congres international de l'Union internationale de Philosophie des sciences, Neuchatel, Griffon, 1955.

Contemporary approaches to cognition, Mass, Harvard, U. P. 1957.

Notion de structure et structure de la connaissance, Paris, Albin Michel, 1957.

Problemes epistemologiques, Paris, Colin, 1957.

Le Rationalisme, Paris, Union rationaliste, 1957.

La crisi dell' uso dogmatico della razione, Roma, Bocca, 1955.

C.「有」的問題

Abranches, **C. S.** Metafisica, Braga, Liv. Cruz,, 1956.

Astrada, **C.** El juego metafisico, Bs. Aires, Babel, 1939.

Bergson, **H.** An Introduction to metaphysics, N. Y, Putman's son, 1912.

Castellani, **C.** Elementos de la metafisica, Bs Aires, Dalia, 1951.

Conard-Martius, **H.** Das Sein, München, Kösel, 1957.

Crosemius, **A**, **B.** Das Sein und das absolute Zentrum, Baden-Baden, Verlag für Kunst und Wissenschaft, 1954.

De Raeymaeker, **L.** Philosophie de l'etre, Louvain, 1947.

Di Napoli, **G.** Essere e spirito, Roma, Angelo Belardetti, 1957.

Fabro. C. Dall'essere all'existente, Brescia, E. Morcelliana, 1957.

Felking, **F**, **W.** A Wordbook of metaphysics, London, Ox. Univ. Press, 1932.

Filippi, **L.** L'ordine fondamentale della realta, Roma, Edit. Univ. 1954.

Gregoire, **F.** Les grands problemes metaphysiques, Paris, P. U. F. 1957.

Heidegger, **M.** Existence and being, London, Vision Press, 1957.

Heimsoeth, **H.** Los seis grandes temas de la metafisica occidental, Madrid, R. O.

Hoeres, **W.** Sein und Reflexion, Würzburg, Konrad Triltsch Verlag, 1956.

Lotz, **G**, **B.** Das Urteil und das Sein, München, Berchman-Skollen, 1957.

Maritan, **J.** Sept lecons sur l'etre et les premiers prin-

cipes de la raison speculative, Paris, Tequi.
Mc Cormick, **J. F.** Scholastic Metaphysics, Chicago, L. U. P. 1928.
Miltner. **C. C.** Introduction to metaphysics, N. Y. Mac millan, 1930.
Rickaby. **John**. General metaphysics, N. Y, Benzinger Bros.
Rouges, **A.** Las jearquias del ser y la eternidad, Tucuman U. N. T, 1943.
Sartre, Etre et neant, Paris, N, R. F. 1943.
Sciacca, **M. F.** Atto ed essere, Roma, Bocca, 1956.
Sepich, Lecciones de metafisica, Bs. Aires, C.C.C. 1946.
Vazquez, **J. A.** Ensayos Metafisicos, Tucuman, U. N, 1951.
Walshe, **T, J.** The quest of Reality, Herder, N. Y. 1933.
Weiss, **P.** Modes of Being, Corbondahe, S. T. U. P, 1958.
E possibile una metafisica? Torino, Soc, E. I. 1956.
The nature of Metaphysics, London, Macmillan, 1957.
Metaphysical beliefs, London, Student Christ M. Press, 1957.

D. 自然與生命問題

Beck, **W**, **S.** Modern science and the nature of life, N. Y, Harcourt, 1957.
Bennett, **J. G.** The dramatic universe, London, Hodder, 1957.
Bornoure, **L.** Determinisme et finalite, Paris, Flammarion, 1957.
Brown, **C. W.** From zero to infinity, Lawrence, The Allen Press. 1957.
Butler **J. A. V.** Science and human life, N. Y, Basic

Books, 1957.

Caba, P. La ciencia fisica y el futuro del hombre europeo, Madrid, Ed. Colenda, 1957.

Corneloup, J. D'alpha a omega, la vie, Paris, Les editions Vega, 1957.

De Corral, J. M. El problema de las causas de la vida, Madrid, Espasa, 1956.

Del Pezzo, C. Il tempo nella scienza e nella filosofia, Napoli, L'arte tipografica, 1954.

Durlington, C. D. Le mystere de la vie, Paris, Fayard. 1957.

Ewing, U. C. Tresholds of Existence, N. Y, Philosop. Library. 1956.

Frost, G. E. Cosmology and continuity of life, N. Y. Exposit. Press, 1957.

Gregoire, F. La nature du psychique, Paris, P. U. F, 1957.

Herrick, C. J. The evolution of human nature, Austin, Univ. of Texas Press, 1956.

Hoenen, P. J. The philosophical nature of Physical bodies, West Baden, West Baden Press, 1956.

Kehl, R. Filosofia e bio-perspectivismo, Limeira, E. Letras da Provincia, 1955

Maritain, J. Philosophie de la nature, Paris, Tequi.

Macsden, D. The philosophy of time, Oxford, Holy Well Press,

Masi, R. Struttura della materia, Brescia, Morcelliana, 1957.

Matisse. G. L'incoherence universelle, Paris, P.U.F, 1956.

Paniker. E. El concepto de la naturaleza, Madrid, C. S.

I. C, 1951.
Papp. D. Filosofia de las Leyes naturales, Bs Aires, Espasa, 1945.
Peierls, R. E. The laws of nature, N. Y. Scribner, 1956.
Puglisi, C. Immortalita della materia vivente, Milano, Gastaldi, 1957.
Rickert, H. Ciencia cultural y ciencia natural, Bs. aires, Espasa, 1945.
Schrodinger, E What is life? N. Y, Doubleday, 1956.
Strotolinski, J. L'idee d'organisme, Paris, C.de documentation, 1956.

E. 價值問題

Andreoli, P. Valeur de la liberte, Monte-Carlo, Regain. 1953.
Astrada, C. La etica formal y los valores. la Plata, B. H, 1938.
Baraud, B. Les valeurs affectives, Paris, Vrin, 1941.
Battaglia, F. I valori fra metafisica e la storia, Bologna, Nicola Zanicelli, 1957.
Cesari. P. La valeur. Paris, P. U. F. 1957.
Chamberlin, E. Towards a more general theory of value, N. Y, Oxford. Univ. P, 1957.
Dupreel, Esquisse d'une philosophie des valeurs, Paris, P. U. F. 1939.
Fucken, R. Le sens et la vie, Paris, Alcan, 1912.
Garnett, Reality and value, London, 1937.
Herrera, F. M, Entorno a la filosofia de los valores, Tucuman, Richardet, 1954.
Hessen, J. Wertphilosophie, Paderborn, 1937.
Krohn, S. Arvojen yleispalevyyden ongelma, Helsinki.

A. K. 1953.
Lamont, W, D. The value judgement, Edinburgh, The Univ. P, 1955.
Lairde, J. The idea of value, Cambridge, 1929.
Lavelle, L. Traite des valeurs, Paris, P. U. F, 1950–1955.
Le Senne, Obstacle et valeurs, Paris, Aubier, 1934.
Linares, H. A. Elementos para una critica de la filosofia de los valores, Madrid, C. S. I. C. 1949.
Nabert, J. Essai sur le mal, Paris. P.U.F, 1955.
Norris, L, W. Polarity: A Philosophy of tension among values, Chicago, H. R. 1956.
Orestano, F. Los valores humanos. Bs. Aires, Argos, 1947.
Polin, La creation des valeurs, Paris, P. U. F. 1944.
Pucelle. J. Etudes sur la valeur, Paris, Emmanuel Vitte, 1957.
Romano, P. Ontologia di Valore, Padova, 1949.
Stern, A. La filosofia de los valores, Mexico, Minerva, 1944.
Visalberghi, A. Esperienza e valutazione, Torino, Taylor, 1958.
Widmer, G. P. La Conscience des Valeurs, Bale, 1953.
Il Probleme del valore, Brescia, Morcelliana, 1957.
The language of value, N. Y. Columbia Univ. Press, 1957.
Les Valeurs, Louvain, Nauwerlaerts, 1947.

F. 哲學教學類

Balz, A,G,A, Southern teachers of Philosophy, Lexington, U. K. L. 1954.
Bortignon, G. Insegnamento della filosofia, Padova, L G. E. 1953.

Cuvillier, A. La dissertation de Philosophie au baccalaureat. Paris, Colin, 1953.

Darrheim, W. Der Philosophieunterricht in der Bildungsschule, Wien, Bundesverlag, 1956.

Foulquie, P. Dissertations Philosophiques, Paris, Les ed. E. 1956.

Quelques Conseils pour la dissertation, Paris, 1956.

Gaos, J. La filosofia en la Universidad, Mexico, U.N.A.M. 1956.

Hartmann, A, Kirche und Freiheit. Butzon & Becker, 1957.

Huisman, D. Guide de l'etudiant en philosophie, Paris, P.U.F. 1956.

Llera, H. P. La ensenanza de la filosofia en Cuba. Habana, Hercules. 1954.

Quadros, A. A angustia do nosso tempo, Lisboa, C. N. 1956.

Salman, D. La place de la Philosophie dans l'universite ideale. Paris. Vrin, 1954.

G. 哲學通史類

Abbagnano. Historia de la filosofia, Barcelona, Montaner, 1955.

Agazzi, A. Problemi e maestri del pensiero filosofico, Brescia, E. la Scuola, 1955.

Aster, E, Von. Historia de la filosofia, Barcelona, Labor, 1956.

Brehier, E. Histoire de la philosophie, Paris, P. U. F, 1948–51.

Chevalier. J, Histoire de la pensee, Paris, Flammarion, 1956.

Clark, G. Thales to Dewey, A history of Philosophy. Boston, H. M, 1957.

Copleston, F. A History of Philosophy, London, Burns, 1946.

Corsano, A. Storia della filosofia, Milano, Principato, 1957.

De Ruggiero, Breve storia della filosofia, Bari, Laterza, 1957.

Dominguez, D. Historia de la filosofia, Santander, Bibl. Com, 1953.

Duçasse, P. Les grandes philosophies, Paris, P.U.F, 1956.

Durant, W. The story of Philosophy, N. Y, Simon, 1956.

Ferrater, M. Cuatro visiones de la Historia Universal, Bs. Aires. Losada, 1954.

Fraile, G. Historia de la filosofia, Madrid, B. A. C. 1956.

Fuller, B. A. G. A History of Philosophy, N. Y. A. P. 1944.

Geny, P. Historia Philosophiae, Roma, U. G, 1948.

Giaccobe, G. Corso di storia della filosofia, Torino, Soc. ed. Intern, 1953–4.

Glenn, P. J. The History of Philosophy, St. Louis, U.P. 1948.

Gonzalez, A. A. Historia de la filosofia, Bs. Aires, Centurion, 1947.

Hirschberger J, Geschichte der Philosophie, Freiburg, Herder, 1957.

Janet, Histoire generale de la philosophie, Paris, Bouret, 1891.

Marias, J. Historia de la filosofia, Madrid, R. O, 1956.

Morre, C. Philosophy, East and West, Princeton, U. P.

1944.

Messer, Historia de la filosofia, Madrid, R. O, 1931.

Mascia, History of Philosophy, Paterson, St. A. G. P, 1957.

Perez, A, A. Historia de la filosofia, Mexico, 1948.

Pesce, D. Storia della filosofia, Milano. Principato, 1955.

Radhakrishnan, History of Philosophy, London N. Y, Macmillan, 1953.

Rivaud, A. Histoire de la philosophie, Paris, P. U. F, 1948–50.

Russel, B. A History of Western Philosophy, N. Y. Simon and Schuster, 1945.

Sciacca, M. F. Historia de la filosofia, Barcelona, Louis Miracle, 1953.

Sonnelli, A. La filosofia nei secoli, Milano, Celin, 1956–57.

Thonnard, A. Precis d'histoire de la philosophie, Paris, Desclee, 1950.

Thilly, F. A history of Philosophy, N. Y, Henry Holt, 1957.

Tredici, Historia de la filosofia, Bs Aires, Difusion, 1950.

Webb, C. C. Geschiedenis der Wijsbergeerte, Assen, Born, 1957.

Wedberg, A. Filosofiens historia, Stockholm, 1955.

Windelbland, W. Lehrbuch der Geschichte der Philosophie, Tübingen, Moher, 1957.

Zucchi, H. Estudios de filosofia antigua y moderna, Tucuman, U.N.T. 1957.